ERNEST LA JEUNESSE

L'IMITATION

DE NOTRE-MAÎTRE

NAPOLÉON

PARIS

BIBLIOTHÈQUE-CHARPENTIER

EUGÈNE FASQUELLE, ÉDITEUR

11, RUE DE GRENELLE, 11

1897

L'IMITATION

DE NOTRE-MAITRE·

NAPOLÉON

ERNEST LA JEUNESSE

L'IMITATION

DE NOTRE-MAITRE

NAPOLÉON

PARIS

BIBLIOTHÈQUE-CHARPENTIER

EUGÈNE FASQUELLE, ÉDITEUR

11, RUE DE GRENELLE, 11

1897

Jeune homme, tu veux vivre : je t'apporte
la vie.

Tu es triste. A huit ans, on t'a fait chanter
du Déroulède; à dix-neuf ans, on t'a fait com-
menter Tolstoï. Tu ne sais pas.

Et tu pleures sur ton enfance.

Tu crois que tu naquis dieu et que, peu à peu,
tu te laissas dégrader, tu te laissas devenir un
numéro d'humanité et que tu te prépares, parmi
des mesquineries, à continuer une tradition de
procréation et de bassesse.

Tu as tort.

Tu es à l'âge où l'on choisit. Oui, tu as connu
la torpeur des lycées; oui, la tyrannie niveleuse
de la démocratie, la médiocrité de tes profes-

poètes connurent le brigand et M. Arthur Lévy découvrit le bourgeois!

Disons le Dieu.

.

Qu'on considère le tableau de Meissonier, qui veut se nommer 1814, et qu'on considère le tableau de Nicolas Poussin (est-ce un tableau de Nicolas Poussin?) qui mène vers un peuple de Judée un être monté sur un âne. Des roses meurent sur le sol et ce sont des bras qui se tendent et Jésus sourit tandis que, parmi la campagne hostile, Napoléon pâlit sur son cheval blanc, en sa redingote indécise, et que sa bouche se sèche d'amertume fiévreuse.

Et ces deux cavaliers sont semblables.

Ils vont vers la trahison et vers le ciel tout proche — et la terre leur échappe parce qu'ils échappent à la terre. Ah! les infinis qui s'entr'ouvrent pour eux et où ils vont continuer leur rêve!

Et c'est ce rêve, ce rêve irréel et flou, Waterloo!

Waterloo, baptême, sacre et martyre de Napoléon!

Des armées qui marchent, qui s'arrêtent, des cris, des râles, ce sont des hommes qui se ruent vers la bataille et qui meurent de fatigue avant d'arriver à la blessure qui les attend. *Des hommes qui sortent de la légende pour mourir!* Et les fanfares, en jouant le « Veillons au salut de l'Empire », chantent du passé, un passé encore frémissant, obstiné et terrible, mais un passé qui ne consent pas à revivre! Ah! les claires sonneries! Ce sont les triomphes de naguère qui viennent visiter les soldats, leurs triomphes qui s'en viennent, argentés et nonchalants, sous l'harmonieuse auréole des choses disparues, les faire souffrir, les consoler et les prépa er — à quoi?

Ce sont des hâtes vers la mort et des frissons d'épées, des frissons de drapeaux et des crinières flottent, mélancoliques. Plaintes de chevaux et les broderies pâlies des chefs et leurs panaches et des croix tristes.

De la fatalité et des brumes. Et ce ne sont plus des régiments en marche, ce ne sont plus des masses poussées vers la victoire, ce sont simplement des hommes.

Hommes qui désirent lutter et mourir pour un homme, un homme qui leur prête un peu de sa fatalité, de son immatérialité et de sa tristesse. Ils vont. Ils refusent de se rappeler son prestige et les pays parcourus, les pays possédés et les morts semés sur la route. Ce n'est pas l'homme d'hier et l'homme des siècles, c'est un homme qui, ce jour, est venu — d'où? — joindre à leur malheur son malheur. Et comme ils entendent gronder en lui leur malaise et pleurer leurs larmes, ils l'aiment plus de souffrir plus qu'eux.

La bataille !

En désordre, ils se jettent sur l'ennemi, ils n'obéissent plus aux épaulettes sautelantes des officiers, ils oublient la patiente hiérarchie; ce sont des entre-choquements de casques et de colbacks, ce sont des crinières qui enlacent des hausse-cols, c'est un coudoiement sanglant de gibernes et de sabretaches, ce sont des êtres qui se mêlent, qui hurlent, c'est un chaos héroïque, soldats qui, hors de la discipline et du tableau d'avancement, hors cadre, veulent passer l'arme à gauche — au choix.

Ils ont dépouillé l'Empereur de sa pourpre et de son hermine, de sa redingote et de son uniforme de chasseur, ils en ont fait leur frère pour pouvoir lui donner leur vie.

Ils la lui ont donnée.

Rien ne bouge plus dans la plaine : les drapeaux ne frémissent plus, dressés vers le ciel en un dernier défi ; calmes dans la mort, les morts semblent avoir lancé leur âme à Celui qui voulait leurs âmes en son Paradis taché de sang. Et leurs bouches mortes acclament encore le cavalier qui part, là-bas, presque seul, accablé du poids de toutes ces existences, de toutes ces ardeurs, de toutes ces candeurs qui refluent vers lui et qui revivent en lui, atroces.

Il est venu, maître et chef à cet endroit et, de ce charnier, il s'en va, Homme *et* Dieu.

Est-ce que cette dignité nouvelle est trop haute pour lui ?

Pauvre Corse qui, fantômal, t'éloignes sur ton cheval fantôme, qui fuis ton malheur et ta grandeur, qui fuis ton âme trop belle, qui cherches Paris et sa bassesse et la cruauté sournoise des sénateurs, ne vois-tu pas qu'il fallait que ton ambition fût satisfaite par delà les limites grises de l'humanité ?

Non, ton ambition n'est pas satisfaite malgré toi ! Et, captif de ton ambition parfaite, tu vas parmi les mers, quérir ton trône de dieu ! Tu sais que « c'était dans le programme » et que ton ordination aux lueurs des canons et des agonies de Waterloo est plus sacrée, plus décorative que ton ordination au chant des orgues et des cierges de Notre-Dame !

* *

Ton ambition t'emporte. Tu as, sans cesse et sans phrase, considéré l'infini, tu as regardé le monde comme nous considérons une maison ouverte, et les mots ont toujours été ce que devaient être les mots du moment, les mots de ce que tu étais, sous-lieutenant ou pantarque et tu échappes au vertige en ta course, en tes bonds, en ton vol vers les abîmes du ciel. Oh ! la belle ligne d'effort et d'effort harmonieux qu'est la vie !

* *

Mais tu ne me suis plus, jeune homme, et tu te troubles.

Il te semble que Napoléon n'est qu'un parvenu, sublime et grossier.

« Il a réussi — sans plus », dis-tu.

Et ça t'ennuie ?

Réussir ! c'est un gros mot. Des corruptions et du canon, c'est un empereur.

Et ce n'est pas beaucoup.

Est-ce cela réussir?

Sainte-Hélène, Sainte-Hélène! tu n'es pas l'île que nous connaissons! Tu es la Thulé des légendes, tu es l'île de songe et d'idéal et tu es aussi la forêt sacrée où le Graal dort — et dort, éternel. Tu es la vallée d'infini où courent des musiques et des silences, et nous dirons un jour ton histoire, île de lointain et de rouille, et ton Barberousse et ton Parsifal et ton Marcellus!

Mais imaginons le rocher des estampes populaires ; imaginons Napoléon couché sur ce rocher. Il tient un livre fermé : c'est, pour être précis, la Napoléonide de M. Pétroni — et l'édition de 1813. Des odes s'y efforcent, comme de la grosse cavalerie et des médaillons y gravent leur grêle flatterie — au trait. Et c'est cette langue italienne qui flétrit Philippe le Bel et qui célébra Béatrice. Les images drapent et cuirassent Napoléon à l'antique, lui accordent le pallium et le char des triomphes, et permettent à ses soldats le casque d'Actium et la lance de Zama.

Livre qu'il connaît trop ! Car, quand les fusils de Bautzen pleuraient, il s'occupait à regarder ces estampes qui le détachaient tout vif de la colonne Trajane, qui oubliaient ses longs cheveux, sa bouche ardente et qui, du drapeau républicain d'Arcole, faisaient une aigle de C. Julius Cæsar.

Mais aujourd'hui, il n'a plus besoin de consentir au mensonge des médailles de MM. Pécheux, Piroli et Cléner. Il ne veut même pas voir le maroquin vert de la reliure et les couronnes et les aigles d'or.

Il s'étend sur l'âpre rocher et y meurtrit son ventre et songe. Les pointes du rocher, le ciel gris, le livre fermé, tout dresse devant Napoléon une silhouette, et c'est celle d'un autre Napoléon, le Napoléon de 1811, reposé, gras, d'une hermine et d'une pourpre bourgeoises et d'une face bourgeoise aussi, où la flamme des yeux semble se faire véhémente pour un chambellan seulement qui n'est pas assez servile ou pour un valet de pied peut-être qui n'est pas assez majestueux.

Aujourd'hui, le ciel est bas : ce n'est plus la voûte des triomphes, un ciel complaisant et courtisan — il est triste. Et le roc est triste et le livre est triste et la couronne est lointaine. Napoléon peut rêver et peut détester son bonheur d'autrefois et la silhouette de vulgarité qui l'importune. Et comme Bertrand dort, comme il n'a pas à dicter le Mémorial, comme il est seul avec son âme et comme l'air est amical en sa misère, il parle :

« J'ai réussi, dit-il. Et j'ai réussi non parce que je me suis assis sur un trône et que j'ai promené des soldats, mais parce que je suis ici, parce que, vaincu, déchu, captif, j'ai échangé les tapis des Tuileries et leurs clous à tête d'or pour les dents de ce rocher et ses grimaces.

Rien n'a été, à y bien réfléchir, aussi misérable que mes rêves. Rien n'est aussi misérable que de satisfaire ses désirs, l'un après l'autre, et de les satisfaire tous.

Quels désirs !

Ce sont les désirs de mes dix-sept ans, ce sont les rêves faciles que tous les enfants se permettent à dix-sept ans, en leur folie, en leur brutalité, en leur humilité.

Être tout, tout avoir ! Aller de l'avant, parmi des honneurs, des ors, des agenouillements et des musiques militaires ! Lasser jusqu'à l'envie, jusqu'à la haine ! Et cette existence toute droite, d'un effort prévu et calculé, cette existence sans arrêt, d'une fatalité géométrique ! Marquer sur la carte l'endroit où je vaincrai Mélas et n'avoir pas l'émoi, n'avoir pas la joie de chercher, parmi des villages de verdure et des chants d'oiseaux, l'endroit où je recevrai le baiser de la Fortune ! Pas de courbe, pas de fantaisie, pas de méditation sinueuse le long d'un fleuve ! Et, parmi tant d'apothéoses et tant de victoires, parmi ces flammes et ce sang, une existence grise et monotone d'employé aux Droits réunis qui va à la besogne tous les matins, qui se couche tard parfois et qui s'inquiète et qui souffre, mais qui ne s'inquiète peut-être pas plus que pour des ratures et du sable perdu ! Et c'est une fièvre, une fièvre qui tient l'homme ployé sur sa selle, aveuglé, les yeux convulsés sur *l'immédial futur*, sur le futur qu'il tient en son âme, sur l'instant de tout à l'heure, de tout de suite.

Etre prisonnier de sa fortune, sans pouvoir, d'un sourire, renoncer et jouir !

Ah ! à ne voir que mes triomphes, je suis *un raté* (1) et je suis le plus raté (2) de tous les ratés (3).

Mais j'ai réussi parce que je suis ici.

C'est ici que je vis mes triomphes, que je

____

(1) Anachronisme inexcusable — à excuser.
(2) Anachronisme et barbarisme — *idem*.
(3) *Id*.

puis en goûter toutes les nuances, toute la fré-
nésie et toute la splendeur.

C'est ici qu'ils viennent s'offrir d'eux-mêmes.

Là-bas, là-bas, je n'avais pas le temps!

Homme gras qui t'avanças le long des arbres
et des fleuves, raidi et brandi tout entier sur ta
selle, homme gras qui, par la ville, t'offrais le
leurre bref du bonheur et d'un hymen et d'une
postérité, je t'ai en pitié, je t'ai en dédain. Que
faisais-tu et quelle vie vivais-tu? Tu étais porté
par ton bonheur, tu étais la chose de ton
bonheur!

Ici, je jouis.

Ici je vois de loin et tout près toute ma
gloire et je puis m'enivrer des ivresses passées.

Ivresses passées?

Elles se succédèrent si vite qu'elles me lais-
sèrent les lèvres à peine mouillées. Et elles
reviennent, oui, elles reviennent, fraîches et
lasses pourtant, de la plus excitante lassitude et
c'est l'éternel défilé de mes fièvres, de mes
sérénités, de mes espérances, qui, par delà leur
réalisation, savent demeurer des espérances.

Et j'ai la douleur, aussi,

J'ai tout.

Mais aurais-je eu tout, aurais-je réussi, tout de même, si j'étais venu ici sans avoir connu les Tuileries et le Kremlin et les Pyramides et Austerlitz ? »

Idéologue !

. .
. .

Oui, il n'est rien de plus cruel pour l'effort que le succès et le succès arrête l'effort et le brise.

Et le plus bel effort, le seul effort, c'est l'effort avorté.

Il garde sa ligne, son jet ; il se prolonge par delà la pierre d'achoppement, va dans l'infini, devient l'infini même et c'est un effort qui dure et qui durera toujours.

Mais, jeune homme, nous ne devons pas marcher vers l'échec ; la suprême ambition de l'effort ne doit pas être d'être *l'effort pour l'effort*, l'effort vain.

Notre âme, n'est-ce pas ? est une âme mélancolique et haute. Elle craint toutes les lourdeurs de ce mot qui ne rime à rien : *triomphe*, et de ce mot de comice agricole et de roulotte : *réussite.*

Mais nous pouvons ruser avec le succès et le triomphe. Comptons avec eux, soyons-leur durs.

Lorsque Louis Napoléon Bonaparte sut que Paris lui appartenait décidément, que la voix de M. V. Hugo s'était tue, que Mazas était plein et que les taches de sang disparaissaient, je crois qu'il n'eut pas de flammes dans les yeux et qu'il acheva avec la même langueur sa lente cigarette. Il avait à pleurer des morts, à pleurer son serment, à pleurer sur l'avenir.

Sont-ce pas là choses de toujours?

Ah! il y a toujours dans le triomphe des nuances et des choses troubles.

Dans les victoires les plus éclatantes, il y a l'aide de camp blessé et le mouvement de l'aile droite, d'ailleurs admirable, un peu en retard. Dans le chef-d'œuvre, il y a la faute d'impression de l'avant-dernière ligne.

Créons, imaginons des accidents, au besoin — et il en est sans cesse besoin. Mais la Providence se charge des petits échecs dans le triomphe.

Polycrate, Polycrate, tyran de Samos, la légende ment et les historiens mentent qui proclament que tu fus trop heureux. Tu fus conquérant et tu fus cruel au peuple, tu trompas Amasis, roi d'Egypte, tu te laissas flatter par Anacréon et par Phérécide, tu laissas le poisson fameux te rapporter ton fameux anneau. Mais tu ne t'effrayas pas quand cet anneau te revint. Et tu ne pleuras point lorsque le satrape Oronte te fit mettre en croix.

Tu étais prêt.

Pourquoi aurais-tu ignoré la mauvaise fortune? Pourquoi ne pas croire que, nonchalamment, parmi des pourpres de Tyr et des flûtes de Lesbos, tu supportas le bonheur et le malheur? Nonchalamment, avec le même sourire, tu t'apercevais qu'une de tes femmes t'était infidèle, qu'une de tes bêtes familières hurlait méchamment et que telle fille, au loin, dans la ville, te méprisait pour ta cupidité et tes lèvres épaisses.

Tu avais des digestions difficiles et tu n'étais pas toujours charmé par les vers d'Anacréon. Phérécide t'ennuyait et le roi Amasis te déplaisait parce qu'il était lâche.

Ah! que devient le poisson et que devient l'anneau?

Donc, pauvre Polycrate, tu ne fus pas heureux et ce ne fut pas ton bonheur qui suscita Oronte et ton supplice. Tu fus mis en croix parce que tu fus vaincu après avoir été vainqueur, parce que tu fus un tyran avare et cruel. C'est chose qui arriva à d'autres que toi, à des tyrans qui avaient été déjà vaincus par d'autres tyrans et dont les entreprises avaient mal tourné.

Il ne faut pas avoir peur du bonheur. Il faut aller à lui, simplement, et avoir foi en l'effort. Il faut vouloir réussir. Et nous ne nous alourdirons pas dans le triomphe. Notre âme est et doit être soupçonneuse, inquiète et subtile.

Elle ne se contente pas des à peu près. Et nous aurons notre trouble quotidien et notre quotidienne souffrance.

Ah! qu'il est utile de souffrir — et comme c'est facile!

Napoléon souffrit à Notre-Dame parmi son couronnement. Il jeta un regard sur Talleyrand, se mordit les lèvres et, la face tirée d'un frisson, arracha la couronne impériale au pape. Napoléon, le soir d'Austerlitz, eut l'âme sombre et regretta longuement la petite maison d'Ajaccio.

Et lorsque le roi de Rome naquit, il sentit qu'il eût mieux aimé un fils de Joséphine.

Une jalousie secrète le saisit contre Eugène de Beauharnais.

La souffrance est chose qui tremble sans cesse autour de nous, au bord de notre front et au bord de notre âme. Elle est compagne et avant-courrière du bonheur et du triomphe. Aimons-la et aimons en elle et avec elle le succès, le triomphe et le bonheur.

** * **

Ça suffit, n'est-ce pas ?

Assez de raffinements! Soyons sérieux. Il y a aujourd'hui trois quarts de siècle que Napoléon mourut. Il est temps non de le faire revivre, mais de le revivre.

Napoléon, je te l'ai dit, jeune homme, c'est toi.

Il s'agit seulement de te rappeler ce que tu fus.

Recommence.

Et je voudrais que ce livre soit à la fois tes *Essais* de Montaigne, et ton Machiavel, et ton *Emile*.

. *.

Jean-Jacques, tu regardas le monde, à quarante ans, avec les yeux d'un jouvenceau qui vient de lire Plutarque; tu t'étonnas, tu t'indignas et ta voix s'éleva, chaude et grande : tu avais sans doute besoin de montrer ton talent de chanteur. Et tu continuas : tu te grisas de tes trilles et de tes roulades et tu les perpétuas parmi les villes rebelles à tes paroles, parmi les routes cruelles à tes pas : les gens du peuple happèrent cette chanson qui les distrayait de leur besogne et les seigneurs l'aimèrent, par perversité, parce que c'était le frisson. Mais celui qui jouit le plus de ces éclats et de ces colères, de ces phrases menaçantes et câlines, ce fut toi ; elles te donnaient des ivresses, des illusions de puissance et l'horreur charmante des hallucinations; elles t'élevaient sur la montagne et de là tu voyais, le corps brisé d'émotions, l'humanité marteler pesamment sa marche vers les abîmes !

Tu pus ajouter à ces jouissances celle de te savoir persécuté, de te croire haï : tu épuisas toutes les sensations et tu eus même la singulière fortune de prolonger vingt-cinq ans ces

délices fatigantes. Et je ne te plains pas, rê-
veur : tu n'avais plus rien à faire en ce monde
quand la terre d'Utopie t'ouvrit ses portes, la
mort était la seule volupté dont tu n'eusses pas,
toi toute passion et tout sens, goûté l'âpreté et
la douceur.

Mais ton œuvre fut vaine : c'était un complé-
ment d'humanité et d'abaissement que tu ap-
portais à la multitude.

L'égalité !

Supprimer les barrières pitoyables qui étageaient les pensées ! Confondre tout en une
même misère ! arracher aux serfs la grandeur
amère qui couvait longuement en eux, nourrie
et haussée par leur servitude, par la torpeur
qu'on leur infligeait !

.*.

Fantôme de la liberté, fantôme qu'on agita
au bout d'une ficelle parmi des fêtes et des foules
et des échafauds, démon familier de Mme Ro-
land et de M. Joseph Prudhomme, je te chasse,
fantôme !

La liberté, la vraie liberté, je veux te
la donner, jeune homme, ou te la laisser
prendre.

Voilà des gens qui grouillent et qui ne grouillent pas assez : c'est une masse serrée, pressée, où l'on crie : tu vas vers cette masse. Ah ! ta liberté, jeune homme, ta liberté, où la trouveras-tu ?

Demande conseil à un aîné : il te dira de « *faire ton trou* ».

Faire son trou ! l'einer parmi la cohue pour pouvoir, de coups de coude en coups de pied, arriver — où ?

Faire son trou ! entrer dans cette chose pour enfin faire partie de cette chose et pour n'être plus !

Non ! fais le tour, passe pour revenir ensuite enchaîner cette tourbe sans même foncer sur elle.

Tu seras libre alors.

Tu seras libre lorsque personne ne pourra te gêner, lorsque personne ne pourra lever les yeux pour voir ce que tu fais, lorsque personne ne pourra parler, même pour te flatter et dire ta gloire.

Ce n'est pas facile ? qu'en sais-tu ? as-tu essayé ? Personne n'a essayé jusqu'ici.

On énoncera à ton intention que Napoléon est un phénomène unique.

N'insiste pas : on sourirait.

Prouve à ces gens qu'ils ont tort — et tu ne peux donner qu'une preuve.

Napoléon, il y a donc soixante-quinze ans aujourd'hui que tu t'en fus quérir d'autres empires. Je t'invoque et je te tutoie : je ne t'appelle ni Sire ni Majesté. C'est que pour moi tu n'es plus empereur, tu n'es plus dieu : tu es la vie même.

Tu es parfait et tout est en toi. Charles-Quint abdiqua et dédaigna d'un même dédain tous ses trônes, mais il était né sur un trône. Et laissons M. de Sade à M. Rebell.

Napoléon, bien des gens t'aiment et t'admirent : ça ne me gêne pas.

Je suis seul à te comprendre et à t'aimer. Je voudrais cependant te faire comprendre à quelques enfants et leur prêter un motif d'émotion et d'exaltation uniques.

Je voudrais offrir au monde parmi les enfants d'aujourd'hui, un nouveau maître et un nouveau spectacle.

Qu'on médite autour de mes méditations et par-dessus : que mon livre soit un accompagnement pour des tristesses et des essors,

Et qu'il soit simple et musical.

— 5 mai 1896.

Et votre Jules Tellier les a dits, les empereurs, les pauvres petits empereurs qui se pâmèrent et qui passèrent et qui, en des spasmes pâles, surent émietter leur âme, leur mélancolie et leur majesté. C'était une pourpre dévorante qui s'était abattue sur eux, une pourpre qui réclamait leur sang, frileusement, en des plis, des caresses et des frissons, mais la pourpre n'est-elle pas toujours teinte de sang, du sang de Tyr, de la rue Saint-Nicaise ou de la rue Tiquetonne?

Et le malheur de ces Césars fut de n'avoir pas désiré leur pourpre.

Or, voici que leurs âmes, leurs malheureuses

âmes hésitantes dans la mort et dans les siècles comme elles furent hésitantes dans la vie, s'épandent et viennent autour de nous murmurer et gémir.

Elles demeurent parmi les temps, un peu blanches d'avoir été blanches, un peu grises d'avoir été impures, un peu roses d'avoir été rouges, un peu tristes d'avoir été tristes.

Autour d'elle, c'est de la rouille et du mauve, et des sourires d'Amours païens et c'est le sourire des limbes qui se fermèrent devant elles — si à regret ! — et ce sont des pensers de Marc-Aurèle et c'est de la poésie de Bossuet. Elles vont, halettent, volettent au bord du ciel long et bas comme le champ de bataille de Vitellius, puis elles descendent et c'est une litanie et c'est une chanson. Le refrain qui passe et qui de-ci, de-là, alanguit et assombrit l'ardeur des phrases, c'est, n'est-ce pas? le refrain d'Hadrien et c'est un conseil, c'est un commentaire.

Animula... Oh ! tremblotante et blême, et d'un lilas si las, molle et ténue, une âme? non, pas même une misérable petite âme, mais, malade et ahanant et rauque, un souffle d'angoisse et de volupté! Si notre âme est devenue telle, c'est parce qu'elle ne pouvait rien désirer et parce que la seule chose qu'elle avait à convoiter, la mort, elle était sûre de la trouver par delà et parmi les aigles sujettes, les lances et les boucliers.

Et elle ne pouvait qu'y condescendre et s'adoucir et battre de plus en plus lente et s'abandonnant. Des centurions passaient et des préfets du prétoire et des joueurs de flûte et des affranchis : regards brefs, cuisses qui saluaient — et des hanches. Plus lointaine, plus incertaine, notre pauvre âme glissait autour des cuirasses et des angusticlaves, autour de ces âmes et en ces âmes : elle se mirait en leur boue bouillonnante, puis, plus glacée, elle les enviait et, glissant avec moins de hâte, timide, effrayée de son rêve, ne voulant pas rester prisonnière de son rêve, elle allait chercher et envier d'autres âmes, d'autres âmes de boue ; mais, en vérité, c'étaient trop d'âmes et trop de boue.

Animula...

Elle revenait, ennuyée, dégoûtée, et de ces dégoûts, plus gentille, plus caressante, avec des mots de louange et d'amour qui étaient des plaintes ; elle se pelotonnait dans notre corps qui voulait bien lui donner l'hospitalité, elle le frôlait, se meurtrissait délicieusement à lui, prenant sa part de ses loisirs, l'aimant en sa pauvreté et en son malheur.

Animula... Mais les joueurs de flûte fuyaient et les affranchis qui avaient été indulgents; quelque chose venait parmi les glaives et les lances, et une autre petite âme commençait à trembloter sous la pourpre.

Et elle s'en allait, notre petite âme, en des pays qui, blafards, se faisaient plus blafards, en des pays raidis et gercés d'une dureté hostile qui ne savait s'incurver en lits de festin et en étuves, en des pays d'une nudité grise qui s'habillait de frissons et de frissons sans grâce; elle s'en allait, sautillante, essculée, ne sachant où s'arrêter, sur cette route, sur cette route infi-nie, quémandant vainement, reposoirs coutu-miers, les jeux où elle jouait, les sourires où elle souriait, les péchés où elle péchait....., »

— Ils nous importunent, ces Césars. Et ils s'obstinent.

« Et notre âme, c'est votre âme, c'est tout autant votre âme que celle du Tityre de M. Gide. Et vous êtes nés avec l'âme que nous ont faite peu à peu notre pourpre, nos légions et le poids de notre empire.

Mais vous, vous pouvez élargir votre âme, vous avez pour les envier, pour les vouloir, une autre vie et une autre mort que notre vie et notre mort. Vous avez tout à envier. Vous pouvez être des brutes, *et* des hommes *et* des dieux. De notre pourpre fatale, vous pouvez faire une pourpre joyeuse. Soyez ambitieux, et d'une ambition de tous les instants, spasmodique, furieuse, hargneuse et pourtant haute et sereine. »

Écoutons-les, entendons-les, ces voix et ces complaintes.

Et que ces Césars nous soient de suffisants intercesseurs.

Ou préférez-vous que Néron passe et dise : « J'ai voulu être un artiste. Et le seul artiste, c'est le chef. Ah! modeler la chair et modeler, comme une boulette de terre humide, toute la terre et toute la mer! Je me suis contenté de trop peu. Il faut aller plus avant. Il faut vouloir plus. Soyez ambitieux. »

Vous plaît-il que Marc-Aurèle pleure d'avoir philosophé, que François II, ce pâle fantôme, Charles IX et Joseph II vaguent et nous disent, en le regret de leur douceur et de leur inquiétude :

« *Soyez ambitieux!* »

Le décor est joli, d'une mélancolie assez ardente et d'une noblesse pâle. Nous y hésitons encore. Des vers nous enveloppent qui disent l'horreur des choses, qui disent de souffrir et d'attendre, qui nient l'effort, qui haïssent la puissance, qui chantent le néant.

Mais qu'il me soit permis de te parler, Néant. Tu es le déloyal séducteur qui vient caresser les hommes et les tromper.

Où te voit-on?

Tu es un mot.

Un réchaud et du charbon, cinq pieds d'eau, six centimètres de fer ou une pincée de poudre grise, ça suffirait pour te connaître, pour t'étreindre, pour se dissoudre en ta majesté?

Néant, néant, ça n'est pas cher!

Et si vraiment nous te possédons en nous, nous entendrons bien mieux ta romance parmi le silence d'un empire soumis, que parmi la médiocrité tumultueuse de la rue, d'un tramway ou d'un hôtel meublé.

Que vous faut-il encore, enfants? Empereurs, vous pouviez vous ennuyer beaucoup plus.

Mais quoi? C'est assez m'occuper de vous, enfants maussades.

Pleurez et lisez.

C'est ici un *manuel de bonne volonté*.

Et vous, philosophes, vous faites la moue. Napoléon, c'est Destutt Tracy et François-Emmanuel Toulongeon. Et Marc-Aurèle, c'est — tout juste — Marc-Aurèle.

Songez à Friedrich Nietzsche. Lorsqu'il fut arrivé au bout de toutes les métaphysiques, au bout de tous les infinis, lorsqu'il eut épuisé toutes les ironies, tous les dédains et tous les rêves, il rêva. Et il rêva qu'il était devenu prince héritier du royaume d'Italie. Ah! j'entends bien! L'Italie et son antiquité et sa richesse, l'Italie, la floue et irréelle Italie, son ciel, sa mollesse et Michel-Ange et Borgia, les tableaux de Florence et le trésor de la foi, et le sang des révoltes et les lacs, et les lys et la mer. Prince héritier cependant, comme le prince de Naples ou un simple roi de Rome!

Commençons par où Nietzsche finit. Jeune homme, je te fais prince héritier du royaume d'Italie, je te fais prince héritier du monde. Notre maître de philosophie, notre métaphysique même, c'est le pouvoir.

Commande.

Ah! tant d'âmes sous toi, dans lesquelles tu peux plonger, tant d'âmes dont les pensées t'appartiennent, tant d'âmes dont tout l'effort est à toi, nonchalamment. Et les fleurs qui tremblent aux doigts de cette vierge, la joie qui tremble aux yeux de ce fiancé, c'est ta joie et ce sont tes fleurs.

Et quelle fièvre!

Tu es le seul poète.

Jeune homme, lorsque M. Paul Bourget t'offrit des conseils, il te les offrit avec plus de solennité et avec une autorité pire.

Moi, je te donne des conseils, sans mandat. Je te les donne comme je te donnerais une montre après l'avoir volée. Peu importe : tu comprends. Ce que je te donne, c'est la Beauté, c'est le courage, c'est à la fois la sérénité la plus noble et la plus voluptueuse inquiétude, c'est l'impatience et ses magies, et c'est aussi une raison pour supporter quelques monotonies de l'existence, c'est un opium fécond et vivifiant, et ce n'est pas seulement de la bonne volonté, c'est DE LA VOLONTÉ.

Aie une âme d'aventurier.

Sache qu'il n'est qu'une aventure.

Dis, calme, à Dieu ou à ce Dieu que tu te sens être : « Seigneur, en me donnant à la terre, vous m'avez donné la terre. »

Et attends.

Écoute parmi les frissons des forêts ou parmi l'air léger des rues, les voix qui murmurent : « Banquo, tu seras roi. »

Et n'aie ni à tes côtés NI EN TOI un Macbeth fatidique.

Et sois timide, si possible, et souris — très peu, mais un peu — aux femmes, et aux cieux et aux fleurs.

VIGNETTE :

LE BON AVENTURIER

Le dément qui a écrit les pages suivantes est mon collègue, mon voisin à la Chambre des députés.

Pendant huit mois nos conversations n'avaient pas dépassé un échange courtois de cigares lorsqu'un regrettable événement mêla soudain nos âmes.

En juillet 1894, tandis que pour nous rafraîchir un peu, nous votions une loi sur les menées anarchistes, notre ami se précipita à la tribune — pour la première fois.

Le bruit s'était éteint à l'extrême gauche.

On attendait.

Comme pour exaspérer notre angoisse et notre malveillance, pour nous faire croire que nos chances individuelles à un portefeuille baissaient, il monta lentement les degrés, chercha une pose avantageuse.

Le silence planait, plus âpre. Il croisa ses bras sur la poitrine, nous enveloppa, nous sabra d'un regard impérieux, d'un regard de calme dédain qui traversait les murailles et conquérait le monde, puis il nous éclaboussa d'un rire amer, d'un rire sans fin, d'un rire qui fouaillait, qui écorchait. C'était une plainte, un défi et une menace. Sanglot, il s'élevait vers les cieux, puis, fanfare féroce, il retombait sur nous comme pour nous mater; il annonçait on ne sait quelle armée, on ne sait quelle horde de barbarie et de puissance. Et derrière cette douleur d'homme on sentait un cri de démon. Enfin, il s'arrêta et, tranquille, retourna à son banc — sans un mot.

« Vous avez été très éloquent, mon cher! » m'écriai-je en adoucissant mon ironie d'une sincère poignée de main. Sa sérénité aiguë résista à mon compliment où traînait, où tremblait un reste de malaise.

Ses yeux erraient sur notre troupeau attristé. Il murmura : « Les imbéciles, ils travaillent pour moi! »

Ça ne m'étonna pas.

« C'est pour vous, fis-je, qu'on renversera le cabinet? »

— « Oui, répondit-il, simple.

— « Et c'est pour vous, continuai-je, qu'on a renversé le cabinet précédent? »

— « Oui, répéta-t-il.

Par politesse, je lui fis remarquer que le ministère Casimir-Perier avait glissé sur une question de chemins de fer.

Il nia.

« Ah! fit-il, les syndicats, les ouvriers! Ah! vous n'avez pas vu se dresser, par delà la théorie des hurleurs et des courtisans le cadavre de l'enfant qu'on avait guillotiné la veille? Ah! vous ne l'avez pas vu jeter dans l'urne sa tête coupée? C'est ce mort qui a fait mourir. Il venait me donner un signe — que j'ai compris! »

Imaginer parmi nos intrigues de couloir le cadavre — incomplet — d'un sectaire!

Je continuai — sans émotion :

« Et c'est pour vous qu'on a assassiné M. Carnot? »

Ce fut un chuchotement.

« Ah! l'horrible sensation! C'était nous qui avions suscité cet Italien hâve qui s'en allait, sanglant, parmi les gardes. Nous n'avions jamais désiré cette mort, nous en aurions repoussé l'espoir conscient, mais de nos regrets, de nos impatiences, des railleries et des caricatures était né ce crime, était né cet être de meurtre, cette brute insignifiante, comme l'homuncule de Faust! Ah! je ne voulais pas le regarder, je ne voulais pas retrouver en sa hideur multiple, en sa hideur factice un peu de moi, un peu de tous... L'autre était là, inanimé. La cruauté de la destinée lui avait même volé une mort en beauté, avec un cri de défi et de bravoure, avec un rire de suprême orgueil. Mort terne, mort obscure après cette blessure éclatante, mort par une nuit grise, en la détresse subite d'une salle officielle, loin de cette foule qui, à la porte, muette, aspirant cette vie qui fuyait, qui avait fui, attendait le dernier souffle pour briser et tuer — elle aussi. Et tandis que le ciel se teintait de furie, tandis que des clameurs trouaient l'insomnie des rues et des places, qu'un rut secouait la langueur de la ville, je restais près du cadavre.

Je sentais que cet homme était mort pour moi.

Les temps venaient où je serais le chef, où j'arracherais le manteau d'indolence et de néant qui couvrait mon peuple et le monde.

Pauvre fonctionnaire qui gisais, enfin délivré de ta fonction, de tes sourires, de ta médiocrité, pauvre homme qui pouvais connaître — enfin — le sommeil qui ne redoute plus les aubades, je voyais ton âme — et elle pleura vers moi.

Les députés, les généraux s'abîmaient en une stupeur égoïste, ils se serraient autour de l'archevêque hautain — j'étais seul avec le cadavre. Et le mort me conta son martyre. « Salut à toi qui es venu jouir de mes instants suprêmes, salut à toi qui me fais périr, salut, mon fils et mon frère. Les dieux qui m'ont condamné à ne pas être, à disparaître, veulent que tu vives. Si en ta course, tu sens tes genoux fléchir, si ton cœur de dominateur s'amollit à la pensée des douceurs qui te sont refusées, puise au souvenir de mes souffrances et de ma taciturne amertume la force nécessaire pour résister au charme de la bonté et de l'humilité. Va ta route sombre : mon sacrifice est consommé; le tien commence : mort, je veux saluer celui qui n'a pas le droit de mourir... »....

L'insensé poursuivait, mais je ne l'écoutais plus. Comment imaginer de tels cauchemars : M. Carnot aurait eu horreur d'un tel verbiage :

cet homme qui, succombant à la blessure la plus déplorable, disons le mot, la plus choquante, avait eu la discrétion de tomber en la ville la plus floue qui soit, ce muet tout parfumé de résignation ne pouvait, fantôme, avoir renoncé à sa réserve légendaire.

De plus, ses sentiments démocratiques lui avaient-ils laissé une âme?

Il faut le voir sombrant tout entier en sa case du Panthéon, en la pitié frissonnante des foules.

, Mais j'eus un signe de tête qui bénissait.

L'être alla :

« Je ne regrettai donc pas de n'avoir pas pris l'Élysée ce soir fatidique : j'attendis. Ah! le Congrès! l'homme qui pleurait, vigoureux et blême, tandis que M. Dupuy lui tendait une feuille de papier, de lourds compliments — et la France. Cette tristesse nerveuse lui prêtait, en un voile de fièvre, quelque beauté.

Le chapitre de Jean Casimir-Perier.

Larmes qui couliez, qui jaillissiez, malgré tous les efforts, larmes qui vous précipitiez, plus douces, plus amères, plus riches à mesure que l'homme se refusait à pleurer, larmes mystérieuses et précieuses, je vous aimais en votre misère et en votre impuissance. J'aimais cet homme qui se lamentait quand on acclamait en lui une vigueur, une énergie restrictive, une férocité.

Quel était le cortège qui passait, harmonieux et mélancolique, en la brume légère de ses yeux, parmi le rythme de ses sanglots?

Était-ce la théorie des femmes et des hommes qui promènent leur désillusion et leur désespérance? Était-ce la théorie des colères et des haines qui tourbillonnaient devant lui?

Il pleurait.

Et tandis que les députés se félicitaient, se rassuraient laborieusement, se montraient par delà leurs craintes ton ombre tutélaire, tout ce qui, pauvre créature, avait été jusque-là la vie et la foi, s'écroulait, poussière lugubre. Ton Passé te visitait en habits de deuil — et des ricanements couraient.

C'étaient tes ennemis, ceux que tu détestais avec ta raison et tes sens.

Ils venaient à toi, te tendaient leurs mains farouches, où les fers avaient laissé leur trace. Et leurs lèvres, tordues par les blasphèmes, par l'offre constante de la mort, se faisaient douces et s'avançaient, un peu railleuses, pour baiser ta bouche et ton front.

Tu venais d'être sacré leur frère. Et le combat que tu allais engager contre eux te livrait à eux. Déjà tu remarquais l'horreur du monde et tu en souffrais, déjà tu souffrais de la bassesse de tes compagnons et l'âme de la foule t'apparaissait, lourde de faiblesses, d'impuretés et de taches.

Les voix chantaient : « Voilà ton initiation qui commence. Le dégoût subtil monte vers toi. Cette société, ce monde se donne à toi pour que tu puisses voir toute sa honte, toute son ignominie, tout son néant. L'indignation et la pitié vont germer en ton cœur. Ah ! tu nous auras persécutés, tu auras fait tomber des têtes pour bientôt nous envier, pour venir à nous lentement, la gorge âpre. Et nous t'aimons pour ta souffrance toute proche, nous t'aimons malade et débile. Et nous te saluons, nous, en ta pauvreté. »

Il pleurait toujours. Il se débattait contre les câlines hallucinations.

Et, sans chasser ces rêves, en un rêve, je m'avançai et je l'embrassai.

« Ah ! mon ami, mon ami ! gémit-il. »

Son regard s'arrêtait sur moi.

Une humilité soudaine se joua dans ses yeux.

Il comprit que mon calice serait plus amer et plus dolent que le sien.

« Ah! mon ami, mon ami! » répéta-t-il, et il s'enfuit tragique, parmi la fatigue des cavaliers, en une voiture qui grinçait. »

Il se tut.

Je me souvenais du baiser qu'il avait imposé au nouveau président et ça m'avait paru très malin : c'était une semence de pouvoir.

Le chapitre du Parlement.

C'est un bonheur que de vivre maintenant, mais encore il faut savoir vivre. C'est par habitude, c'est par lassitude que les étoiles s'obstinent à percer de leur espièglerie, de leur tristesse, de leur sourire l'immensité bête des cieux ; c'est peut-être aussi par cruauté : il existe des hommes qui usent leurs regards à suivre ces taches pâles, qui usent leur âme à s'enivrer de leur lueur, de leur tendresse, de leur ironie.

Si ces rêveurs s'enfermaient dans ces tombes fécondes que sont les Musées pour y pleurer avec les rêveurs qui sont morts pour avoir ému des toiles et qui frémissent éternellement en des yeux de madone, en l'immobilité radieuse de seins de courtisanes, si ces poètes lyriques se cachaient en la splendeur des hoquets de cabarets, si ces idéologues baignaient leur idéologie en ces prisons sublimes que sont les bibliothèques, tout serait pour le mieux dans le meilleur des mondes.

Mais ils nous enfièvrent de leur fièvre, nous affolent de leur furie et s'égarent à la Chambre des députés.

Ils ont tort.

Un homme, un homme politique, qui n'a pas la sagesse de s'intéresser à des méfaits et de s'associer à des scélératesses ne peut pas ne pas s'ennuyer. Ce qui est admirable dans la vie publique (comme en tout), ce sont les dessous. Si l'on ne se grise pas de leur odeur si joliment putride, on est perdu.

La source de toutes les voluptés politiques, le secret de la sérénité et du talent, c'est le dédain. Non un dédain étroit, mais un dédain universel, toujours grouillant, toujours haletant, toujours saignant, un dédain passionné, un dédain joyeux, un dédain qui n'épargne rien et qui commence par soi-même.

Il faut se dire en entrant à la Chambre :

« Voici.

Quelques milliers de citoyens dont plusieurs sont d'honnêtes gens m'ont envoyé ici à cette fin et à cette seule fin de les tromper, de les voler et de me moquer d'eux.

Je suis le dernier des misérables. J'ignore si mes collègues me ressemblent, mais je leur ferai l'honneur de le supposer.

Nous nous associons, ces messieurs et moi. Pendant quatre ans, nous posséderons cette bâtisse morne et nous nous donnerons la comédie. Verres d'eau élégamment absorbés, tribune agréablement ébranlée, injures, voies de fait et applaudissements, ce sont, sans parler des discours, d'importuns compagnons. Et dormir est la fonction la plus fatigante qui soit. Soyons héroïques et masquons les nuances de notre âme d'un uniforme de médiocrité, faisons-nous escrocs et discrètement meurtriers. Jouons à cache-cache et à l'exégèse. Lorsque nous entendrons sonner à notre oreille les mots de devoir et de patrie, observons à la loupe les mots et les phrases : trouvons dans telle apologie de la Révolution et de l'armée l'or d'une compagnie anglaise de ramonage et reconstituons l'horrible marchandage orné d'insinuations hagardes et de railleries assassines, de brèves visions de cachot et de guillotine qui vient de se dérouler longuement entre l'orateur et tel ingénieur étranger.

Et moi-même, lorsque les rigueurs de notre siècle pousseront à la tribune ma fine veulerie, il me faudra, pour soutenir mes hurlements républicains, le souvenir d'instants peu lointains où je vendis, par fragments modestes, la République et la France. C'est de jalousies, d'hypocrisies, de trahisons, que se fait l'éloquence parlementaire. Je serai, je suis éloquent. Et j'obéirai ainsi à ce Dieu qui nous veut faibles et humbles, à ce Dieu qui nous a donné, parmi nos vices, la résignation et le dégoût.

Maintenant, mes réflexions sont finies. Je n'aime pas l'argent et j'en accepterai, j'en arracherai avec de la chair et du sang parce que les heures sont longues et qu'il faut s'occuper pour plaire au Seigneur; je frôlerai les bancs des Cours de justice et, s'il plaît à la fortune de m'y asseoir, je me plierai au Destin parce que je suis un Philosophe, un brave homme et un bon citoyen. Volons. »

Mais mon ami n'avait jamais connu cette méditation : il s'était rué à la Chambre, les yeux vibrant de toute la lueur des gloires passées, de tout l'éclat des batailles, des insurrections, de tout l'éclat du Passé, de l'éploi farouche des bannières et des étendards, les oreilles assourdies des fanfares de charges de cavalerie, des discours des poètes et des tribuns, et l'âme soulevée du sursaut des âmes de héros qui venaient la tourmenter de leur inquiétude et de leur vertu et de leur tyrannie.

Il s'était rué dans le mirage des gestes et des mots et des regards qui entrent au cœur, qui tuent et qui régénèrent ; et des spectres marchaient à ses côtés, des spectres qui sortaient des cieux et des limbes et, avec ces spectres, avec ce passé qui ne voulait pas mourir, c'était la théorie des enfants qui veulent vivre. Et c'était la caresse féconde de l'utopie et de l'avenir. C'était parmi ce cortège barbouillé de magie et d'idéal qu'il était venu siéger au Palais-Bourbon. Il était tombé sur un gradin, n'importe où, sans choisir.

Il ne voyait rien.

Il était seul en ce palais, en cette ville, en ce monde. Seul, il existait. Possédé, dévoré et grandi par une force inconnue, terrassé et protégé par la Destinée, devenu non plus député, mais Avenir, devenu l'Avenir, devenu tout le mystère et toute la majesté de ce qui va arriver, il prenait, parmi des perfidies et les grognements de notre flegme souffreteux, parmi de la boue et des sourires, son élan, un élan de fauve, un élan de Dieu pour tout briser, pour tout détruire, pour tout créer. C'était, dans le néant, la puissance et la vie, c'était l'effort dans la lassitude et l'asservissement ; parmi nos lunettes et nos monocles, ses yeux brillaient, flamme claire et claire menace et espoir clair qui, par delà nos pensées troubles, fixaient un point précis que nous ne pouvions apercevoir, attendant, sentant, qui sait ? un Ange qui, de son épée, en un geste d'affectueux et déférent commandement, lui ferait, lui faisait signe de marcher.

Il irait, sans complices, sans soldats, tranquille et doux en son immédiate victoire, laissant refleurir les roses dans les herbes et les héroïsmes dans les regards.

Pauvre homme !

Quand des Français tentent de se représenter un maître, ils voient un sabre. Pourtant pour être chef, pour être dictateur, point n'est besoin d'être général : il suffit d'être fou.

Et mon ami l'était. Hé ! hé ! Mon ami pourrait réussir.

Comment saurai-je alors oublier qu'il est mon ami ?

Ne faisons plus attention à ce qu'il me dit. Remarquons seulement que ce Cæsar est un

Cæsar de bonne marque. Il s'est promené vêtu d'une bombe; mais jadis C.-Julius Cæsar fut catiliniste avant d'être Cæsar; Napoléon I⁰ʳ, à l'époque où il signait Buonaparto (Napoleone), flatta Robespierre et acclama la liberté, et Napoléon III porta, non sans grâce, l'escopette du carbonaro.

Quoi qu'il en soit, et sans plus m'excuser, je donne ici un manuscrit que mon ami me remit, il y a quelques jours, livret sans autre prétention que celles de son auteur au trône de France, et où il a noté des impressions et des reflets d'états d'âme — quels états d'âme! — fiévreusement projetés sur les choses.

Note. — C'est là chose de très mauvais goût : ce qui va suivre est d'un goût plus douteux encore. Mais c'est une vignette. Et que — patiemment — on suive les titres des chapitres.

LE BON AVENTURIER

1

La sentinelle.

Le regard de la sentinelle tomba sur moi comme un reproche. Ce pauvre homme qui, le bras alourdi d'un fusil, les épaules voilées d'un sac, promenait le long d'un mur l'horreur de son ombre, ne comprenait ni ma présence, ni ma rêverie. Et les sanglots muets de la prison, sa résignation terrible, toute la douleur qui s'éternisait en ces bâtiments obscurcis de désespoir et d'âpre longueur aiguisaient l'œil du soldat d'une telle mélancolie que mon œil s'adoucit d'une mélancolie et d'une tendresse pour ce témoin d'une heure.

Derrière lui, derrière la pierre qui s'allongeait, des têtes rases, des dos craintifs sous la casaque brune se courbaient vers des tâches toujours mêmes : des mains s'agitaient, serviles après avoir été révoltées, et ma pitié qui, en un élan, allait à ces misérables, arrêtée par ce gardien, aimait à trouver en lui toute l'angoisse, toute la souffrance qu'elle voulait.

La tristesse du regard, du reproche devint plus impérieuse. Je volais au soldat un peu d'émotion, je le dépouillais de cette majesté caressante du rêve, de cette atmosphère de douceur qui flottaient autour de lui comme un manteau de ténèbres et de lys. Je le laissais retomber à sa torpeur facile. Les prestigieux brouillards qui interposaient leur bienfaisance et leur grâce lassée entre la place et lui avaient disparu.

Ne pouvant plus songer, il pensa. Nos yeux s'embrassèrent en la brume conquérante, et nos âmes, venues presque à nos lèvres, se parlèrent très bas.

« C'est peut-être toi, petit soldat, qui égaieras de ta silhouette l'austérité de cette porte, la nuit où mon existence, en une cellule, derrière toi, amusera ses dernières heures au leurre du sommeil. Le rouge de ton pantalon aidera la populace à attendre la pourpre éparse de mon sang et sa dernière aumône : un frisson. Alors tu souffriras comme ce soir, puis tu oublieras et tu te souviendras seulement d'une pâleur ligotée, d'une tête sombrant en des cris. »

Et sur ces dalles, où bientôt allait surgir la guillotine, j'imaginais, en sa massive gracilité, *ma* guillotine. Par une prudence un peu théâtrale, je m'accoutumais au décor, je préparais mes nerfs à l'INSTANT.

J'imaginais la foule sinistre d'émoi et son âme d'assassin. Calme, je marcherais parmi l'hébétude d'hommes en uniforme.

Je serais calme; c'était parfait : j'étais prêt déjà.

Aussi ne résistais-je plus à la douceur qui m'envahissait.

Le soldat s'était soustrait à l'humilité de son rôle, je m'étais arraché à la furie de ma destinée, et nous nous souriions tous deux, résignés et navrés à la fois : nous considérions seulement que nous étions de pauvres gens, et discrètement nous nous plaignions. L'irrémédiable n'allait faire grâce ni à lui ni à moi, mais l'éclair de bienveillance qui tremblait en cette tragédie, était comme un charme très frêle, une fraîcheur fugitive. Ah! la chère

halto, et comme nous en jouissions anxiouse-
ment !

Pourquoi la prolonger? Pourquoi attendre
une déchirure brusque et la cruauté d'un adieu
précis. Ne pas voir celui qui avait échangé
avec moi des paroles, des regards d'au delà,
échanger un mot de passe avec un caporal! Je
le quittai. L'instant garda son infini ; la conversation s'interrompit pour ne pas s'achever. Et
tandis que ma main caressait en ma poche la
bombe si plate, si jolie, si meurtrière qui s'y
amincissait, tandis que par des rues noires je
sentais approcher mon crime, j'entendais encore une voix qui chantait des choses très
tristes, qui pleurait des larmes très pures ; une
âme m'accompagnait dans la nuit — qui m'aimait.

II

La servante.

En cette salle de cabaret où je cherchais de
la patience, je trouve d'amers encouragements.
Les rides des hommes, leurs yeux de méchanceté et de peine, leurs hésitations, l'antiquité
sordide des tables, la rare brutalité de la lumière, tout me trempe l'âme.

Malpropreté touchante! humilité qui traîne dans les verres souillés d'un reste de vin, dans les chapeaux affaissés, dans les trous des vêtements, dans le plafond qui s'éraille, dans le plancher où des pas peu sûrs ont laissé leur douleur et leur honte! Poème! Sinistre détresse! Émotion féconde!

Et parmi ces malheureux, je songe à d'autres malheureux : ceux qui ont condamné, ceux qui peuvent — encore — absoudre. L'éternité de cette nuit pèse sur eux. Les heures s'arrêtent. Ils se lèvent, ils emportent la lampe pâle. Ils vont vers de petits lits où dorment de petits êtres, guettent, sollicitent leur sourire, veulent se souvenir qu'ils sont pères, pour pouvoir oublier qu'ils sont hommes!

Mais le condamné est jeune aussi. Oh! éveiller les enfants! Mais qui sait ce que la grandeur, la méchanceté de cette minute soufflerait à leurs bouches, et les mots qui s'imposeraient à leurs balbutiements?... Et les hommes tremblent devant les noirceurs capricieuses que la lampe fait glisser sur les figures aimées, et ils entendent, tous les nerfs tendus, sauteler un souffle très léger...

Les buveurs ne bougent plus. Leurs corps

se tassent en un abandon, les yeux fermés ;
ils ont laissé fuir leurs âmes.

Oh! les splendeurs d'une âme d'ivrogne!
Elles flottent, royales tandis que les corps se
cassent davantage, elles courent en des cieux
étranges, oublient leur logis infâme, jouissent
de cet engourdissement comme elles jouiront
de la mort.

Oh! ces hommes! Comment offrir à leurs
paupières usées une étincelle, une flamme?
L'acte même que je vais commettre ne les
touchera pas.

Et comme si la misère de ces gens et de cette
salle n'était pas assez poignante, une fille vient
la compléter.

Elle erre autour de nous, demi-nue sous son
tablier de servante, la face blanche de fatigue
et de résignation. Le torchon qu'elle traîne
s'agite et les taches renaissent. Ah! ses agenouillements dans l'humidité, dans la poussière, son geste large de ramener, d'attirer à
elle tous les écœurements, toutes les ordures!
Elle s'y plonge, elle les accepte et tandis que
sa main s'y enfonce sans répugnance, que sa
bouche garde son amertume, mon cœur voit ce
pauvre corps mouillé d'eau grise et de sueur

s'embellir, s'ennoblir de ces souillures ; je suis plein de respect et d'amour.

En un sacrifice, cette fille s'offre aux pires bassesses pour nous les épargner, pour nous racheter et elle accomplit le sacerdoce des esclaves avec une humilité majestueuse. Mes yeux sont fascinés par ses mains admirables et vénérables.

Mains de labeur, de douleur, de rédemption, je vous désire, je vous prends, — sans un mot.

Elle a subi ma violence sans un sourire, sans un soupir. Et cet outil encrassé, aux ongles décolorés et brisés, frémit sous ma caresse : ç'a été du blanc, du rose, de la petitesse, de la joliesse. Mais la femme ne se souvient pas de l'enfant. Elle a eu, il y a quelques mois peut-être, le charme de celles qui seront battues et en ses yeux qui semblent fuir, qui semblent avoir fui vers des mondes meilleurs, je cherche la lueur d'antan : de la langueur et de la paix.

Son regard n'est qu'une immense compassion — pour elle et pour moi.

Oh ! je te voudrais posséder toute, me saouler de ton odeur de pauvreté, du relent de haine, d'envie et de vice qu'ont laissé sur toi ceux qui furent sur toi — et tu ne t'en aperçus pas. En toi toutes les souffrances chantent leur hymne et les blessures de tes vêtements, de ton corps, les rides, les cicatrices, ton silence, tout m'exalte, tout me pousse en avant.

Et sous le ciel où la lune n'ose pas faire glisser sa sérénité, où les étoiles n'aventurent pas leur fantaisie, nos deux âmes de misérables communient très purement.

Une dévotion s'impose aux ivrognes : ils restent muets et aveugles.

Nous sommes seuls.

Elle me fait la grâce de ne pas parler, de rester un objet de douceur et de pitié qui aide à mon effort et, avec son éternelle tristesse, elle se plie à mon respect, à mon amour. Je bois en ses yeux les larmes qui y furent et ce microcosme de détresse me rend fort...

Mais quoi? quand mon étreinte aura cessé, quand j'aurai passé, elle reviendra à son baquet, et sa main où j'ai vu toute grandeur, toute charité et toute mélancolie reprendra son œuvre sordide.

Ah! pourquoi sous mon baiser cette femme ne peut-elle pas devenir reine — ou mourir?

Le trop clair symbole! vanité de mon crime! ma sympathie inefficace, ma passion stérile remontent, m'étouffent.

Ne pas pouvoir diminuer la douleur du monde !

L'instrument d'ardeur devient un instrument de désespoir.

Le jour vient, l'aurore semble agoniser avant de naître. Je suis las. Ma bombe! ma bombe! oh ! je l'oubliais! Ma bombe! ma bombe! oh! que ma bombe est lourde!

III

L'échafaud.

Férocité livide de la place !

Un hypocrite assoupissement estompe la plainte de cette prison et la menace de l'autre, en face, où des enfants grandissent pour changer de cachot.

Nos yeux clignotent.

Et des coups de marteau s'espacent, comme s'ils clouaient un cercueil. Une lanterne oscille, boitille autour des bras encore peu solides de la guillotine et les éclabousse de sa lueur glacée.

Des hommes peinent sur la machine et de temps en temps un frisson ride leur mâchoire.

Les arbres secouent leur grelottement, le

vent qui grince fait pâlir cette porte éclairée par où tout à l'heure une vie va sortir.

Le couteau maintenant troue la nuit de son éclair blême et sa tache d'argent dans la ténèbre qui grisonne se précise et attend du rouge.

Eh bien! non!

Vous qui êtes venus pour boire cette existence défaillante, pour jouir de cette fin brusquée, de ce viol, pour imposer à ce mourant le masque de votre rhétorique ou pour épier un tremblement et le vouloir, vous êtes volés : c'est vous qui allez mourir.

Une arme s'agite pour vous. Et je vais semer des râles. Des yeux de cadavres s'indigneront de n'avoir pas eu la joie toute proche de voir frapper : ça sera, parmi des débris d'échafaud, une stupeur — morte — vers le ciel. Et l'on reconstruira pour moi une guillotine — neuve.

Tout est prêt, même le bourreau.

La porte semble vouloir s'ouvrir, des hommes vont vers elle, s'arrêtent, hésitent, soupèsent le jour, résistent à un je ne sais quoi qui les pousse.

Qu'ils entrent!

Que cela finisse!

Ils n'osent pas.

Oh! la pâleur de tous, de tout.

Puis la tache noire de la porte disparaît.

Ils sont entrés.

Je ne vois plus rien.

Un nuage rouge.

Agir, tuer.

Le sang veut du sang. Je suis comme le bourreau, comme l'échafaud : nous nous dressons l'un en face de l'autre, en ennemis, en frères — j'exécute. Le vieillard taciturne qui, les yeux malades d'ennui, a été chercher son patient, cette machine qui s'est laissé monter sur ces dalles ne se demandent pas pourquoi ils frappent.

Ils frappent.

Moi aussi.

Et pourtant il me faut encore une déclamation!

Êtres qui dormez ou qui traînez sur les chemins votre existence et vos gémissements, vous qui ployez sous vos maigres vertus ou qui geignez sous vos vices, vous tous, tous les hommes, je veux vous faire trembler, je veux vous faire vivre. Oh! que mon crime ne soit pas inefficace, qu'il se dépouille de son atrocité pour éclairer, pour ennoblir les âmes — pour les créer... Et vous qui tournez vos bouches sèches vers cette prison encore alourdie d'une agonie bousculée, vous, mes victimes, pardon et fraternité. Et l'on vous plaindra. Et votre mort sera féconde.

La voici qui vient.

Un chuchotement, des commandements.

Et derrière de vagues masses sombres qui se hâtent, le condamné paraît.

Tout de suite je sens son âme qui se colle à moi : tout ce qui lui reste d'existence me supplie. « Non! non! » En trébuchant vers la tombe, l'enfant pâle, purifié, s'il était possible, par la mort, me jette de suprêmes paroles : « Non, non! Oh! laisse-moi! Il me faudrait un trop grand effort pour ne pas mourir! »

Il est déjà loin. Entre l'au delà et la terre, il ne peut s'attarder. Il ne nous appartient plus.

Dans ma poche ma main s'irrite, griffe, s'affole.

Mais il repousse mon secours : il ne s'abandonne pas, il se jette vers l'échafaud et ses pieds entravés semblent vouloir courir. Il a oublié la vie, l'acte, son corps perdu dans les liens. Une seule idée, un seul désir : mourir — guillotiné.

Il a même renoncé à la vanité de bien mourir : mourir suffit.

Ma bombe veut jaillir.

Et le malheureux qui a connu des moments semblables, s'épouvante : Si j'allais ne pas le laisser à son destin ? Et des images de carnage s'allument en ses yeux de mourant.

Il halette, il râle et tout son être tremble vers moi.

Ses épaules nues se craquellent d'effroi.

Ma main se crispe.

Vais-je agir ?

Il me hoquette des ordres.

Les pas chancellent vers le couteau.

Il arrive près de moi. Il ne peut s'arrêter, cracher toute son angoisse à ce bourreau que je suis, à ce bourreau qui veut voler son martyre à ce confesseur, qui masque de sa furie le port de volupté et de mort. Et il crie.

Ah ! cette voix toute grêle, toute changée, voix d'ailleurs qui veut condescendre à une idée, à une parole d'en bas et qui ne sait pas, qui ne sait plus !

Soupir, sanglot, aveu qui pleure en cette exclamation d'espoir si désespérée !

Et la peur que je ne comprenne pas, que je trouve en son cri un encouragement, un appel ! Et son ironie, sa tristesse s'envolent par-dessus la mort toute proche, par-dessus le silence, le respect de cette foule qui, maintenant, n'a plus soif de sang. Ah! l'effort de ce moribond qui ne se souvient plus du passé et qui veut faire semblant de s'en souvenir, de rester fidèle au crime d'antan, qui soutient son personnage avec une si admirable lassitude. Le cri s'est éteint, l'angoisse dure. Il va mourir avec mon horreur dans les yeux, dans l'âme !

C'est l'instant, c'est maintenant la fièvre confuse des exécuteurs, c'est la bascule, c'est le couperet — et il craint encore que je ne lui vole *sa* mort !

Je ne la lui ai pas volée.

. . . .

Le peuple se secoue, comme taché du sang qui coula, les oreilles bourdonnent du bruit étouffé, honteux qui a tranché une énergie; on part.

Je suis lourd de mon innocence, je me retrouve en face de la machine *intacte*, en face du bourreau qui va fuir vers un vin d'oubli et de sommeil. Ma bombe se tait et, au fond du panier, la tête du supplicié se convulse encore d'inquiétude et me supplie de ne rien tenter, de lui permettre — enfin — de dormir et d'agir.

IV

Et le mort me suit dans les rues. C'est une sollicitude apeurée, c'est un frisson, ce sont soupirs.

Tumulte plein de cris, désordre taché de sang, consommateurs qui gisent éventrés avec un reste de musique dans l'oreille, et le dédain des réponses et les discours et la tristesse qui lui demeure de son acte; il revit pour moi, le pauvre enfant, et il me conseille l'inertie.

Ah! les pauvres gens qui passent! Faire surgir de leur poussière timide l'âme immense que je veux imposer au monde?

Plaisanterie.

Ne pas leur accorder un anéantissement prestigieux.

Je vais, je vais, et les rues sont grises.

V

Brusquement, Notre-Dame m'arrête.

Un sursaut me dresse en face de l'Église, et la mélancolie du soleil couchant dore son porche et les tours dorment dans les nuages.

Ma tristesse résolue machine la destruction de l'Église triste et prête. Et je m'enivre encore de sa beauté.

La prière sur Notre-Dame.

« Ah! lorsque ma furie t'aura éventrée, ma mère, nous accourrons vers toi, nous nous ruerons sur toi, hagards, blessés de ta blessure, et c'est par cette entaille saignante que se glissera, que tu glisseras en nous tout ce que nous ne pouvons même plus implorer.

Ruines parfumées de prières, de vous jaillira la richesse immense qui, vaine maintenant, emplit cette nef close. Et cette foi, ces soupirs, cette inquiétude, ces désespoirs, tout ce qui fait penser, qui fait pleurer, qui fait être, planera sur la ville, sur l'univers. Poudre éparse, subtile et féconde, ça nous envahira : ce sera une âme, notre âme qui entrera en nous.

Et, débris radieux, en vous Dieu nous apparaîtra, tout proche — et nous le saluerons et nous le verrons.

De ces décombres pantelants, nous recueillerons chacun un peu d'éternité, un peu de volonté.

Temple cher, tu le survis et nous te posséderons en nous.

De la Bastille démolie naquit jadis la liberté,
naquit l'âme de lutte, d'héroïsme et d'ardeur
qui rajeunit le monde, naquit le frisson qui le
secoua si longtemps.

A toi, ce n'est pas la liberté que nous demandons, c'est la vie.

Les hommes t'ont jadis bâtie pour te donner
à Dieu, et Dieu qui t'a acceptée, qui t'a habi-
tée, qui t'habite, te rend aux hommes. Mère,
tu me pardonnes mon effort, meurs pour nous
faire vivre. »

UNE AME D'AVENTURIER SE TROUVE.

Farouche, je me précipite dans l'église — et
je tombe à genoux. Je ne suis plus qu'une
partie de l'église et mon hymne de lamentation
se mêle aux hymnes de lamentation qui y trem-
blèrent — et qui y restent.

Je crie vers les âmes :

La prière vers le Passé.

« Du milieu de ce peuple qui se meurt, un
élan me jette à vous, morts toujours vivants,

morts toujours debout. Je m'arrache à leur torpeur pour jouir de votre inquiétude. Je suis à vous : prenez-moi.

Siècles d'émotion et de fièvre qui dormez ici, qui me saisissez et m'enlacez d'une cuirasse d'affection, je vous appelle : tremblez en moi.

Et vous, saints, mes frères, mes pairs, le vide affreux que nous sommes, vous implore plus impérieusement qu'autrefois : il vous faut parler et souffrir encore, par delà le martyre, par delà la caresse de l'éternité ; j'offre ma poitrine à votre flamme, venez souffrir en moi, goûter en moi d'autres supplices. Ah ! haussez-moi jusqu'à vous. Et je prie, pour éveiller toutes les âmes d'ici.

Notre Père qui êtes aux cieux, que votre nom soit sanctifié, que votre règne arrive. Ah ! Seigneur, que votre règne arrive. Donnez-nous aujourd'hui notre pain quotidien, notre pain d'ardeur et de vigueur, notre pain, notre pain.

Et voici que je ne puis plus prier. Ah ! mon Dieu, les larmes te sont agréables : prends les miennes, prends-moi comme la rançon humble et passionnée de tous les hommes. Et que l'infini de cette cathédrale, que toutes ses âmes, que tous ses pleurs m'instruisent et m'inspirent. Levez-vous, gens de bonne volonté ! Vous tous qu'un commun souci rassemble autour de ma détresse, courages qui résistez à la mort, colères qui avez triomphé de la paix de ce lieu, soyez à moi, secourez-moi, guidez-moi.

Morts, vous êtes mon armée et vos âmes frémissent avec mon âme. Ah! l'assaut où nous terrasserons les vivants sans vie, où de vos bouches glacées, de vos bouches sans lèvres, vous leur insufflerez le souffle qui leur manque!

Venez à moi et prenez-moi! »

Le sacre.

Et tandis que, brisé, je m'abats sur les dalles, une voix très basse, la voix de tous les êtres, de toutes les choses qui tressaillent dans Notre-Dame, la voix de Notre-Dame même, la voix de Dieu lance deux mots :

« Ave, Cæsar. »

Cæsar? Cæsar?

Il n'y a ici qu'un pauvre homme qui se lamente, qui demande de la vie et de la liberté pour les autres hommes.

Cæsar? Cæsar?

Mais des lueurs s'aiguisent et, parmi la houle, un masque pâle se précise. Et, en ce décor de féerie, l'apparition est si brutale que je me demande si c'est un vivant qui parle à un vivant, si c'est à un mort que s'adresse ce mort.

« Ave, Cæsar », dit lentement ce Cæsar.

Et il commente :

« Viens, mon frère, nous t'acceptons. Avons-nous même besoin de t'accepter ? Tu es à nous, c'est par nous que tu es, tu as surgi de nos désirs, c'est par nous que tu triompheras. Et tu nous feras triompher. Que te faut-il pour cela ?

Régner.

Règne. »

— « Régner ? régner ? » Je recule.

La voix poursuit, plus triste.

« J'ai bien régné, moi... »

Je recule encore. Mais l'Empereur ne se tait pas.

OÙ NAPOLÉON SE MET A PARLER.

« Ah ! pourquoi as-tu peur ? Tu hésites ? Tu refuses à ce peuple ta *généreuse tyrannie* ? Ah ! *les belles journées de rêverie et de poésie que j'aurais pu passer en la paix d'une ville de garnison, en Provence ou en Corse si le souci des* créatures n'était venu m'arracher à la douceur de mon obscurité! Et quels efforts ne m'a-t-il pas fallu pour emprisonner en mon âme l'âme de la France, pour m'imposer à la destinée, pour faire éclore sur la carte du ciel ma pauvre étoile — qui l'incendia?

Ma course éternelle entraîna avec moi les yeux et le cœur de tout mon peuple parmi le monde, parmi l'infini, vers le mystère que mes soldats apercevaient confusément par delà l'ennemi à battre, vers la flamme qui s'éloignait toujours, toujours plus lumineuse. De mes combats les brutes sortirent hommes et quelque chose trembla en eux.

Mon âme haussa les âmes — parce qu'elle n'était plus mon âme.

Je m'étais résigné à n'être que le guide, l'exemple des créatures, à exister par eux, pour eux — pour les créer.

Et je les créai.

Lorsque sur un rocher désert, avec l'éblouissante clarté de la mer pour tromper ma fièvre, je pus — enfin — songer sans courir, l'inquiétude me suivit et j'entendis résonner à mon oreille des cris proscrits que la vague roulait jusqu'à moi. J'étais encore un incomparable instrument de méditation et d'énergie, un levier, j'appartenais encore au monde et ma déchéance même ne m'avait pas rendu à moi-même.

Me suis-je plaint ?

J'étais à tous, je suis à tous — et je n'ai pas hésité.

Imite-moi.

Sois l'homme. Conduis ce peuple au mieux, à la perfection, à l'idéal, conduis-le par la main, mène-le à coups de pied s'il en est besoin.

Qu'il souffre, mais qu'il soit.

Vertu des crimes pour distraire ces gens de leur néant ! Ah ! chers fossés de Vincennes. Et la force, la révolte est sacrée. Les coups d'État reviennent. Et c'est toi qui es élu pour cette tâche. Tu ne te dérobes pas à mon baiser.

Salut, prince : le peuple pensera de ta pensée, mais tu penser Il vivra de ta vie, mais tu vivras et il grandira sous ton oppression.

Puis tu passeras mais l'œuvre sera faite.

Va.

Tu n'as pas besoin de violer cette cité et ce pays. Tout est à toi. Ton heure vient. Règne »

Les ténèbres ont saisi toute l'église. Le mort a achevé son discours et je l'ai entendu.

J'obéirai. La journée, la journée de crise est finie. J'ai pris conscience de moi. Je suis prêt.

Demain ? Qui sait le rayonnement et l'acte que sera Demain ? Je le sais. Mon armée est là et je la retrouverai. Et je vais sortir vers le siècle qui m'appelle.

La ville est couchée à mes pieds, humble et pauvre. Ta misère m'enchante, Ville. Qu'elle augmente, qu'elle s'exaspère. C'est moi qui la calmerai. Et quand ces hommes n'auront plus le souffle, n'auront plus même la force de pleurer, je viendrai à eux, ardent, heureux et tranquille, apportant le pain à ces affamés, la vie à ces mourants.

Et ce sera demain, n'est-ce pas ?

Mai 1894.

Le bon aventurier.

EXAMEN.

« Entrer dans une église, c'est bien ; en sortir, c'est mieux.

En sortirai-je? Il me semble que l'on devrait mettre à la porte des églises, des balances automatiques. Je suis sûr que mon poids a prodigieusement varié. Et ma bombe? Il y a la Seine, là, tout près, où doucement, je puis l'oublier. Mais ça ne me paraît pas très facile. »

Ce sont là des lignes qui ne seraient point inutiles après la fantaisie qui précède. La vérité est que bien des mots y sont d'un goût déplorable et qu'elle est un peu trop échauffée. Les moindres choses y sont inexactes. L'enthousiasme y gâte toutes les sensations; ce sont

7

décors d'Ambigu et décors d'Opéra. M'arrêterai-je sur quelques paroles de Napoléon? Non.

Il vaut mieux indiquer d'un mot que *le bon aventurier* n'est pas un *aventurier sérieux*.

Son Napoléon est trop évangélique et trop en dehors. C'est un Napoléon admirable, puisque très probablement ce serait celui de M. Eugène Melchior de Vogüé, mais ce n'est pas le vrai Napoléon.

Napoléon III, peut-être, mais non l'homme de Vendémiaire.

Et celui qu'il importe d'imiter, celui seul dont le souci nous peut être fécond, c'est le visiteur d'Égypte et le pèlerin de Russie. Et l'âme d'aventurier qu'il faut est une âme plus aiguë.

Oui, et sans conteste l'âme du personnage que nous venons de voir errer place de la Roquette et place du parvis Notre-Dame est une âme d'aventurier de suffisante fatalité et d'habileté satisfaisante, puisqu'elle se dissimule parmi des hoquets et des déclamations.

Elle se révèle un peu tard; mais c'est son droit. Et qu'on ne prenne pas garde au lyrisme intempérant de ses discours et de ses silences, à la fureur de ses hallucinations et aux puérilités de son style : cette âme jette sa gourme, si

j'ose ainsi parler, et devient, l'anecdote contée,
une âme d'aventurier sérieux.

C'est une crise qui vient d'être notée : ensuite
plus de bombes, plus de cris, plus de cierges.

Passons au dogme.

AVOIR UNE AME D'AVENTURIER

14 juin 1896.

Bonaparte, Bonaparte, je suis malheureux. J'ai vu des gens sur la rive gauche.

Ils m'ont dit que je ne savais pas où j'allais.

Et ils avaient raison, car ils ne le savaient pas. Ils me regarderont hésiter en ma marche et ils hocheront la tête.

Et maintenant, Bonaparte, je t'invoque sur cette place du Carrousel.

A y bien réfléchir, je ne suis pas triste. Du soleil coulait tout à l'heure parmi la Seine et parmi des livres et je me suis senti moins misérable sous la misère fraternelle du Louvre.

Tu passas ici, Bonaparte, et tu passas ici avec la même âme que moi.

En 1787.

Tu étais lieutenant : carrière toute faite, laborieuse.

Moi aussi.

Tu aimais ton métier et tu l'aimais trop, tu l'aimais par-dessus tes quarante hommes et tes trois bouches à feu et ta voix était trop stridente pour les ordres que tu avais à jeter.

Et des ordres tacites s'élançaient de toi, avant-coureurs.

Un soir, tu passas par ici — et tu t'arrêtas. La place était moins grande, plus intime, avec des maisons.

Le Louvre, moins gris, te regardait aussi gravement qu'il me regarde.

Et tu avais, pour te regarder aussi, les Tuileries.

Tu les regardas.

Mais pourquoi imaginer tes rêves ? Pourquoi imaginer ton sourire ? C'est de l'imagerie populaire.

Et pourquoi dire aussi mon rêve et mon sourire ? C'est du Balzac.

Marchons plutôt.

La place est vide, délicieusement.

Le sable du terre-plein crie, comme le sable d'Egypte ; des gens s'érigent et se hérissent, en une éternité de pierre, au bord des pierres du ministère des Finances. C'est Bossuet, c'est Corneille, c'est Voltaire, c'est La Bruyère, c'est Fénelon.

Pourquoi sont-ils là ?

Pour nous voir.

Braves gens, braves gens, le Gambetta de carton-pâte jette vers vous son doigt querelleur : il vous reproche d'avoir parlé mieux que lui et d'être venu avant lui.

Que vous importe ? Bonaparte vous a lus et compris et moi aussi, je vous ai lus, et par vous, je suis arrivé à Bonaparte.

Que m'avez-vous appris, statues ? Vous m'avez appris à pleurer et à m'émouvoir et à esquisser des enthousiasmes. Vous avez fait frémir devant moi le fantôme de Madame Henriette d'Angleterre et le fantôme de Calypso, vous avez promené devant moi la lente Iphigénie et la houle maniérée du Grand Siècle.

Et toutes les tentatives, Voltaire, tous les petits sauts vers le rire, vers le blasphème, vers la bonté, vers l'épopée ! Je vous aime en votre coin, mes maîtres. Vous avez essayé de me rendre croyant, de me rendre tendre et de me rendre fort. Vous n'avez pas perdu votre peine. Vous pouvez être sérieux, là-haut, sans être tristes.

Je no me suis pas arrêté à chacun de vos efforts.
Je les ai « poussés », j'en ai fait des faisceaux,
je les ai unis parmi des antithèses et j'ai regardé
ce que ça donnait. Ça donnait vraiment quelque
chose.

Statues, je suis sur la place où vous dormez
— debout.

Et vos siècles dorment avec vous et le Passé
dort en cette place vide. C'est la Renaissance,
c'est le temps de Louis XIV et le temps de
Louis XV et notre époque.

Il y a là, tout près, une pendule, la plus jolie,
la plus pure pendule Empire qui puisse exister.
C'est l'Arc de triomphe du Carrousel. Ah ! les
délicates, les frêles colonnettes de marbre rose !
Et les fines vignettes de bronze ! Et les devises
chantantes et les braves petits guerriers en colbacks et en bonnets à poil qui montent leur
garde falote autour des chevaux dessus-de-
pendule ! Il manque un cadran, il manque un
balancier et l'heure ne sonne pas à cette pendule,
l'heure (vous savez, bonshommes qui l'avez dit
après Horace), l'heure qui fuit, qui fuit...

C'est qu'ici, l'heure ne fuit pas.

Et il est une heure, une seule heure qu'elle
marquera, la mignonne pendule qui, timide et
rougissante, devient plus timide et plus rougis-

sante sous le baiser du soleil, — cette heure, c'est, ce sera l'heure du coup de force, du coup de filet qui prendra la France et le monde.

Bonshommes, vous ne vous indignez pas.

Vous avez prêché l'humilité et l'obéissance, vous avez prêché le silence, le recueillement et la douleur berceuse, vous avez prêché la petite malice des romans philosophiques et l'inoffensive ironie. Mais vous avez entendu d'autres prêches. Et vous savez quelle est la seule vertu et le seul devoir.

La Constitution de l'an II a proclamé le droit à l'insurrection. C'est un droit illusoire puisqu'il appartient à la masse et qu'on peut accorder tous les droits à la masse et qu'elle-même peut s'accorder tous les droits — sans danger. La masse, c'est l'ensemble des choristes de l'Opéra ou plutôt de l'Opéra-Comique. Mais il est un autre droit, antérieur à la Constitution de l'an II, c'est *le droit au coup d'État.*

Dame! c'est un droit tacite et latent; ah! combien latent! Il faut attendre!

Lorsque tu passas sur cette place vers 1787, Bonaparte, tu savais parfaitement que tu avais ce droit; mais tu savais aussi que tu avais le droit d'être fusillé — ou pendu. Oui, tu étais supérieur à ton peuple et à tes chefs, si supérieur que tu ne pouvais te mettre un instant dans leur peau et qu'il t'avait fallu de longues études pour faire semblant de penser d'après eux et d'écrire comme eux. Et encore qu'elle ne te semblât pas aussi nette qu'un précipice, la nuance qui s'en vient du sublime au ridicule, tu te rappelais que tu n'avais pas, que personne n'a le droit d'être ridicule.

Il s'agissait de laisser les circonstances se jeter au-devant de toi.

Ah! tu fus beau!

Et rien n'est délicieux comme ta science à te montrer héros où il te fallait aventurier.

Cependant quel aventurier tu fus! Ces soldats d'Italie qui marchaient pieds nus dans la gloire et dans le soleil, ces soldats d'horreur et d'harmonie, ces martyrs armés, ces confesseurs de la liberté, de la pauvreté et de la faim, c'étaient les bandes de bandits indisciplinés et avides de butin, les violeurs de filles et les violeurs de villes que l'Italie avait connus en des siècles épars. Ces pures victoires, où tourbillonnaient tant de vertus et de si lyriques essors, c'étaient des essais et des répétitions générales : l'œil froncé, la bouche tendue, le général pâle sous l'auréole de ses panaches faussés, songeait que ces soldats pourraient, le cas échéant, charger aussi férocement et mitrailler avec la même sérénité les bourgeois de Paris et la garde du Directoire!

Et les artilleurs de Toulon!

Et cette affectation, Bonaparte, à paraître peu à peu et toujours davantage digne de ta fortune! Et ta prudence qui résiste si joliment à tous les triomphes : c'est presque une gageure, c'est un jeu avec la fortune et avec le hasard : se lassera, se lassera pas.

Ah! l'inquiétante mathématique! Des gens trouvent sans doute que tu tardes bien et qu'il est — déjà — trop tard.

C'était après Toulon qu'il fallait oser, c'était avec les canons de Vendémiaire, c'était avec les fusils de Lodi, c'était avec le drapeau d'Arcole.

Non, tu n'avais pas voulu!

Alors, alors, tu étais un pauvre capitaine républicain, allant à la victoire comme Couthon allait aux Jacobins, sans arrière-goût de lauriers, sans arrière-goût de sang dans la bouche. Ah! ce n'était pas la peine d'être si pâle et si fiévreux, tu étais un autre Marceau moins fatal, un autre Kléber moins éclatant; continue, continue, jeune homme! Tu souriais: ça t'éjouissait de voir les hommes se prendre au leurre de tes triomphes et te suivre en cette Italie où tu amusais la patience et ta tranquille ambition ; tu ne perdais pas ton temps, et ton ancienneté de grade compterait pour ta retraite d'Empereur.

Les grenadiers de Brumaire, tu les aurais toujours trouvés ; ta sagesse fut de ne pas les chercher, de laisser passer les occasions et de les laisser revenir ; ta sagesse fut de prouver qu'il n'y a pas d'occasion et qu'on ne crée pas l'occasion, qu'il faut agir (quant on veut agir), en dehors de toute occasion, comme ça, après une conspiration de raccroc, avec des complices prêts à toutes les trahisons, qui vous ont déjà trahis vingt fois et qui se trahissent l'un l'autre, qu'il faut agir quand on s'est tellement imposé qu'on ne s'impose plus, qu'on semble au-dessus de toutes les cupidités et de toutes les ambitions, quand on a été tant de fois d'une si lumineuse et si obsédante actualité qu'on n'est plus de l'époque, qu'on est rococo, qu'on est l'Homme-Gloire comme d'autres sont hommes - poissons.

Il faudrait si peu de choses et si peu de musique de Lecoq pour que le 19 brumaire soit une plaisanterie.

Eh quoi ! Bonaparte, voilà un gouvernement que tu fais et tu ne le défais pas ? Ces cinq avocats

autour d'une table boiteuse, ça ne te tente pas?
Oui, n'est-ce pas? il faut leur permettre de se
déconsidérer, de s'affermir pour donner du pain
à Ange Pitou, et il faut que, parmi des coups
de feu et le nimbe des ordres du jour, tu puisses
contempler des tableaux et des mers; mais ne
sentais-tu pas que de jour en jour, tu devenais
trop sérieux et que ton *coup* perdait de sa valeur
et de sa signification?

Un adolescent, presqu'un enfant, qu'une furie
lance sur un trône, qui, de sa jeunesse, chasse
et renverse tout, qui, de sa voix fraîche, fait
crouler les murailles de Jéricho, qui du jeune
sang de ses lèvres, rajeunit la pourpre et la vie!
Mais un homme de trente ans, un soldat de
carrière, le dompteur des Pyramides, c'est
presque ce chauve César, ce sera bientôt le
général Vitellius!

Ah! tu fus sage et tu fus beau. Attendre!
attendre! et cueillir des palmes et voir couler
du sang, pour rester en forme, et être généreux,
éloquent, souriant — pour apprendre!

Et écouter si l'on est bien l'homme du
Destin.

Il y a d'autres généraux qui sont heureux;
laisser le temps à celui-ci de se faire battre, à
celui-là de mourir, à cet autre de se vendre à

l'ennemi, aux autres de devenir ivrognes ou libertins.

Non? personne n'essaie et personne n'échoue? la route est libre et pas un avertissement : il sera toujours temps de prendre cette route. Et tu t'éloignes avec grâce : c'est la Méditerranée, c'est Alexandrie, c'est la petite maison de la rue Chantereine, c'est l'idylle, ce sont des coquetteries avec Barras.

Et tu te décides enfin à t'offrir parmi des baïonnettes aux cris des Cinq-Cents!

Bonaparte, la place est vide. C'est l'anniversaire de Marengo : tout le monde est donc au Grand Prix. Un cheval court qui se nomme Champaubert : un instant j'ai songé à miser sur lui, en ton honneur, mais j'ai vu qu'il valait mieux venir causer avec toi.

Ce sable, décidément, est le sable même d'Egypte.

Et la fausse pyramide qui s'estompe derrière le ventre de Gambetta! elle parle, cette pyramide! une phrase sur les devoirs des privilégiés envers les autres : instruction, éducation.

Tu parles!

Tu eus, toi aussi, tes idées sur l'instruction et l'éducation, Napoléon. Lorsque M. le marquis de Fontanes fit peser de par ton ordre, sur tous les enfants « la sage uniformité des lois et des règlements », lorsque toi et lui, vous tiriez vos montres en disant — à tort d'ailleurs — :

« A cette heure tous les écoliers de France composent en thème latin »,

M. le marquis de Fontanes songeait à la mort de Louis XVI, mais toi, tu savais ce que tu faisais et ce que tu faisais faire.

Feu M. Taine juge avec sévérité cette oppression : c'est qu'il ne fut despote qu'après toi.

Mais je sais ta pensée secrète, Bonaparte.

Cette oppression n'était qu'une épreuve.

Celui qui pourrait résister, rester fort parmi ces gymnastiques, rester intelligent parmi ces leçons, moral parmi cette morale, celui-là serait l'élu, celui-là serait digne de te succéder.

Ah ! dans la tempête, dans l'anarchie constituée et hiérarchisée, en l'essor de tous les instincts et de toutes les lâchetés, il était facile de prendre le pouvoir, de s'affirmer chef et maître — et c'était par hasard seulement que toi, l'élu de tous les temps, tu avais su t'élire.

Il fallait veiller à assagir le Destin.

Tu veillas.

Et après que, père, en un souci de dynastie, tu as oublié ton souci, après que peu à peu, l'étau s'est resserré, que les règlements sont devenus plus implacables, me voilà, moi, qui, possédé et assiégé par tant de maîtres, ai bondi de maître en maître jusqu'au maître qu'il me fallait, et ce seul maître, c'est toi, Bonaparte.

Mes études finies, je ne suis pas sorti de mes études comme on sort des geôles, avec un certificat de libération : je me suis évadé.

On m'avait dit que je n'avais plus qu'à me laisser vivre : j'ai voulu VIVRE.

J'ai peut-être eu tort.

Non. J'ai planté là une carrière qui m'ennuyait: mais ne t'es-tu pas fait destituer?

C'est ma seule imprudence.

J'ai choisi une carrière plus dure et tout aussi obscure où il me faut peiner pour peiner les autres.

Et tu viens de voir à mon discours un peu long que je ne tenterai pas un effort inutile. Je ne chercherai pas les trois cent mille hommes ou les trois cents hommes qu'il faut pour toute révolution. Je tenterai seulement de prouver à chacun et de me prouver à moi, par mes actes et par mes pensées, que je dois être et que je suis le premier.

Tâche sublime!

Et, en somme, tâche peu nécessaire!

Les trois cents hommes suffiraient — et le canon.

Mais il faut t'imiter jusqu'en tes scrupules et tes fécondes tergiversations, il faut te suivre en ta route lente.

Et voici que tu deviens le plus somptueux et le plus strict exemple de vertu, le plus puissant ressort de vertu. Ah! ce n'est pas seulement l'énergie que tu prêches, c'est l'obstination dans l'activité, dans l'héroïsme, et c'est la patience et c'est la beauté.

Napoléon, Napoléon, je puis ne pas réussir et ne pas essayer de réussir, je puis prolonger outre mesure mon apprentissage, mais est-il une mesure dans le sublime?

Et si je suis demi-dieu ou dieu, je puis attendre en paix le temps d'être César.

Je blasphème.

Lodi, Arcole, Rivoli et les Pyramides, ce n'est qu'un prologue et un premier acte.

Tant de victoires, tant de chevauchées, de tels mots — peu prodigués, — de tels sourires — si rares, — ce ne sont que des épisodes et des signes.

Tu ne pouvais être désintéressé.

Tu ne pouvais être ni Lohengrin, ni Bouddha

et la seule excuse de tes triomphes, c'est le
trône, comme ça — derrière.

Préparons donc sans horreur et sans exagé-
ration notre dictature. Et, cependant que nous
nous affirmons sublimes, nonchalamment ra-
jeunissons Machiavel.

Nous sommes supérieurs aux gens qui nous
entourent et chaque minute de notre vie nous
élève davantage au-dessus d'eux, mais nous
leur serrons la main. Ah! sachons leur serrer
la main! Poignée de main ferme qui donne
confiance et qui prend possession aussi et qui
se nuance aussi, poignée de main signifiant :
bonhomme, il y a un cadavre entre toi et moi!

Quel cadavre? Peu importe : n'y a-t-il pas
un cadavre dans la vie, dans la conscience de
chaque homme? Que ce soit un cadavre discret, à peine utile.

Et ayons l'air de posséder le casier judiciaire
de tous.

Mais ce sont là jeux et jeux innocents. Que
tel homme croie qu'il y a un cadavre entre lui
et toi, il croira que si tu peux mourir, des deux
cadavres, il y en aura peut-être un de bon et
d'enterré. Le fin est de sembler le tenir purement, de le faire « marcher » pour la vertu,
pour le droit, pour la liberté.

Et soyons sublimes.

Mais c'est un autre chapitre.

Bonaparte, Bonaparte, je voulais seulement élever vers toi mon âme d'aventurier. C'est fait. J'ai une âme d'aventurier.

Gambetta dit là-bas à ses compagnons de néant qu'ils se sont voués à l'émancipation des gens. Moi, je me suis voué à leur asservissement.

Je te quitte, Bonaparte. Le soir tombe. Voici que des omnibus roulent sur cette place. Voici que des voitures de courses reviennent. Et voilà des idylles qui passent.

Soyez tranquilles, mes amis. Vous êtes à moi. Et je m'en vais chercher un petit restaurant pas cher et manger sagement, à petits coups, tandis que je digère l'infini, le passé, l'avenir, toute la gloire et l'univers.

C'est la douzième Mme de Rénal de ma journée.

A vrai dire, à force de passer devant Marcel Prévost, elle commence à ressembler à du Jules Renard. Ça ne lui a pas réussi d'aller voir *Maison de Poupée*.

Et ce doit être la treizième Mlle de La Môle. Toi, Julien, je t'ai vu aussi.

Tu étais employé au Louvre, tu étais stagiaire à la Bibliothèque nationale, tu étais étudiant en tout et tu étais poète.

Mais tu étais trop et je ne t'ai pas vu et je n'ai rien vu.

Donc, Julien, je t'évoquerai dans tes montagnes. Je t'éveillerai à peine de ton sommeil fastueux, parmi les marbres et les statues de ton tombeau.

Et vous, lèvres où l'ardeur se figea du dernier baiser de Mlle de La Môle, vous, lèvres qui ne vous refermâtes point pour éterniser ce baiser, pour en conserver la fièvre et la mélancolie, lèvres au sourire obstiné, ne souriez pas trop des mots que je vais prononcer : j'ai la fièvre et une belle fièvre.

Julien, Julien, tu fus nos quinze ans et nos dix-huit ans. Tu étais plus près de nous que Fabrice — car où courir pour trouver un Waterloo et pour trouver des péripéties et des citadelles enamourées, et où trouver ton ciel, Italie de 1835 ? — et tu étais d'un tragique si indulgent !

Nous avions connu, nous avions eu ton père et ton tome dépareillé du *Mémorial*, ta bouche sèche, ta honte et tes yeux. Ton paysage était notre paysage, ta petite ville était notre petite ville, tu revivais en nous et tu étais nous, tout nous.

Mais c'est que nous étions jeunes, nous et toi.

Depuis, nous lûmes l'*Éducation sentimentale*.

Ah ! mon pauvre ami !

Pourquoi les élans, pourquoi les furieuses malices, pourquoi les petites singeries de ta sensualité. Ah ! le Tacite de l'évêque et la page de *La Quotidienne* apprise par cœur ! C'était loin. Ton pistolet même, ton échafaud, devenaient accessoires de pantomime sentimentale.

Nous souffrions plus et mieux.

Et nous lûmes l'*Après-midi d'un Faune*.

Nous avions une musique de scène pour nos commentaires sur l'amour, le désir et le néant, pour nos demi-inconsciences, nos silencieuses onomatopées, nos sonores et somptueuses torpeurs.

Et, après avoir lu Bourget et Barrès, nous lûmes *la Vie de Saint-François d'Assise*. Mais c'était en 1894 : il était trop tard.

Et nous revînmes à toi, Julien Sorel.

Nous te revînmes mélancoliques. Tu n'étais plus pour nous la Loi, les Prophètes, l'Évangile et le Rêve, tu étais le pauvre frère aîné qui a mal tourné et après lequel et d'après lequel nous tournerions mal.

Nous croyions que tu étais fatal.

Mais non, tu n'es pas fatal.

Tu est une figure amie et étrangère.

Tu es un marbre frémissant qu'on rencontre parmi les marbres morts.

C'est que nous avons découvert quelque part un petit paysan, un autre petit paysan qui rêve parmi des montagnes et des roches, un autre petit sauvage, de l'autre côté de la mer.

Il a cet avantage sur toi d'habiter une île, d'avoir une mère, d'avoir peut-être un peu plus de frères que toi — et des sœurs.

Eh oui! tu l'as connu, toi aussi, et tu l'as aimé et tu as voulu vivre d'après lui.

Ah! Julien, combien tu es beau lorsque, de ton grand rocher, tu considères l'épervier, le ciel et la destinée de Napoléon!

Mais ça ne dure pas.

Et tu te lamentes d'être venu trop tard.

C'est là ton erreur — et ton crime.

On ne vient jamais trop tard.

Et pourquoi connaître les gens?

Pauvre Julien, remonte *dans ton arbre*. Je monte avec toi.

Tu es bien assis? Moi aussi. J'ai ramassé le livre que ton père avait fait rouler dans le ruisseau. C'est bien celui-là, n'est-ce pas? Ne pleure plus : j'ai ton *Mémorial*. Il est daté de 1824, il est vieux et des *fièvres* s'usèrent au bord des

feuilles minces. C'est l'exemplaire de la Bibliothèque nationale, et des jeunes hommes le
lurent parce que tu l'avais lu.

I

Vieux livre jauni, sali, lamentable, féerique!
Ah! Julien, je comprends ton amour!

Le Mémorial de Sainte-Hélène c'est, eh!
oui, le livre du Prisonnier.

C'est *Heures de Prison*, de Mme Lafarge; c'est
la Formation des mondes, de M. Eugène Tur-
pin; c'est *Silvio Pellico* et c'est *la Jeune Cap-
tive*. Des rhapsodies, de la stratégie en cellule
et de l'élégie. Mais en même temps, avant tout,
c'est *les Mille et une Nuits!*

Elle est divine, Julien, l'aventure de ce
pauvre M. de Las Cases, un peu émigré, un peu
Anglais, un peu niais qui ne sait pas au juste
pourquoi il est allé là-bas, sur un rocher.

L'Empereur le lui fait sentir : « Pourquoi
êtes-vous ici? » lui demande-t-il par jeu en
lui pinçant l'oreille, en lui tirant affectueu-
sement les cheveux.

Et quand il est plus gai, l'Empereur s'écrie :

« Vous êtes un traître, vous êtes un espion, vous êtes ici pour surveiller tous mes mouvements et toutes mes pensées. »

Et le pauvre Las Cases ne répond pas :

« Sire, je suis ici parce que je m'ennuyais ailleurs, parce que je m'ennuyais partout. Il me fallait, il me faut des histoires, des contes de fées, de génies et de démons. On ne les trouve plus nulle part et c'est vous seul qui les contez.

« Vous êtes Schéérazade, vous êtes les génies, les fées et les démons. Je vous écoute. »

Et il écoute.

Ah ! en vérité, c'est plus beau, plus large, plus frissonnant, plus inouï que les *Mille et une Nuits !*

Ce sont les légendes d'Orient avec leur volonté, leur naïveté, leur splendeur lente et retorse, leurs épithètes et leur infini. Des grottes, des cavernes, des montagnes, des mers et de méchants navires, des pirates en uniformes, des trésors, des armes, des sorcières qui vendent l'avenir — pas cher — sur le chemin, des révoltes, des guerres, des vierges, des enfants et des courtisanes !

Ici, ce sont les Pyramides, là, c'est le Kremlin, là, ce sont les portes d'Italie, là, c'est Hudson Lowe, là, c'est le buste du roi de Rome! Et c'est le Persan Askerkan et le Turc auxquels cette enfantine Cour des Tuileries se permet de tirer les pieds, par cajolerie.

Ah! que n'est-ce pas?

Et ce sont bien des contes.

De temps en temps, souvent, toujours, le bon Las Cases troue le merveilleux en passant au travers comme un clown qui percerait de sa maigreur ahurie des cerceaux de papier et d'azur. Il vient, le bon Las Cases, au milieu d'une bataille, nous entretenir de sa femme ou de son enfant et il fait mieux : cependant que le conteur, cependant que le héros est si sublime qu'il devient irréel, qu'il emplit de soi toute la terre et tous les cieux, il arrête court l'essor infini de ce Napoléon : il nous montre, petit, en un petit coin d'une petite maison un gros homme qui se rase devant une glace tremblotante, qui se frotte la poitrine d'une rude brosse et qui la passe à son valet de chambre, pour le dos, en lui disant :

« Allons, fort! comme sur un âne! »

Ah! Julien, tu frémis et tu te pâmes et voici en tes yeux une flamme plus rare : voilà ce qui t'enivre dans le *Mémorial*, voilà qui rend parfaite ton ivresse et qui, en une exaltation, te dresse au-dessus du monde.

Pourquoi un Napoléon irréel, pourquoi un Napoléon de nuage ou de vitrail ?

Ah ! voir manger les quatre fils Aymon et les voir quelquefois manquer d'appétit — simplement !

Si Gargantua, si le Cid nous sont odieux, c'est que l'un mange vraiment trop et que l'autre tue trop et pleure trop : il nous les faudrait plus proches et plus vrais.

Et toi, Chateaubriand, toi qui lis, dédaigneux, ce pauvre livre de pauvre homme, toi qui ne t'abandonnes pas et qui n'oses même pas trop dédaigner le *Mémorial*, tu catalogues pour nous les offrir plus tard tes tendresses, tes méditations, tes rancunes et ton inépuisable amertume ; ah ! Chateaubriand, pourquoi ne nous avoir pas plus parlé de ta barbe et de ton linge ? tu nous aurais touchés et nous aurions peut-être cru que tu existas jadis parmi les clairs de lune, tes mers et les cadavres de ta sœur et de tes amantes !

Las Cases, troue de ta tête de mouton fidèle les ciels de victoire et de légende !

Assieds à côté de nous sur cet arbre un Napoléon un peu lourd qui nous étreigne, Julien et

moi, d'une émotion fraternelle et si sensuelle !
Tu le sens auprès de toi, auprès de nous, Julien,
ce Napoléon qui se rase lui-même et qui se fait
frotter le dos si rudement.

La barbe ne te pousse pas encore et se frotter
le dos avec une brosse, c'est un luxe. Mais tes
pieds nus se sont blessés aux cailloux du ruisseau, du ruisseau où tout à l'heure va tomber
notre livre, tes cheveux fins ont chanté sous
une brosse et tu connais des glaces tremblo-
tantes où tu miras tes yeux qui hésitaient devant
leur reflet et leur rêve !

La glace vers laquelle Napoléon jetait ses
joues n'était pas plus grande que ta glace — et
ses yeux n'étaient pas plus beaux que les tiens.

N'est-ce pas, Julien, il est là, le gros homme ?
tu le touches, tu le tâtes, tu le tiens.

Napoléon, tu peux maintenant t'élancer, tu
peux te permettre les pires ossianismes, tu
peux contempler les cadavres d'Italie sous les
rayons de la lune la plus fatale, voir s'élancer
un chien de dessous les vêtements d'un mort et,
âprement, l'écouter hurler, te laisser remuer
par la douleur de ce chien qui menace et qui
veut du secours. Tu peux même t'écrier : « Je
concevais mieux Achille

Rendant le corps d'Hector aux larmes de Priam. »

Tu peux tout : nous t'avons vu nu, nous t'avons vu pauvre gros homme qui se lave.

Et qu'ils se déroulent, ces contes, que ce conte se tisse de l'étoffe des fées, couleur du soleil, couleur de la lune et couleur du temps, que ce voile de sang, d'or et d'azur mauve nous enveloppe, lâche et câlin et, — plus dur, nous prenne et nous enserre, qu'Hudson Lowe dise que l'empereur s'est créé une France imaginaire, une Pologne imaginaire et une Sainte-Hélène imaginaire, c'est de la vérité, et c'est la vérité même : nous t'avons vu nu et te frottant le dos, Napoléon.

Et tu t'abandonnes, Julien, à ces *mille et une nuits*. Ça t'emporte, ça te fait vague, ça chante et ça crie tout seul en toi !

Des objections, des remarques ?

Ah ! ah ! C'est grand, c'est gros, ce sont des cuirassiers qui roulent sur des canons, ce sont des peuples qui marchent, cœurs au vent, et c'est la plus détestable comédie avec un prologue à Toulon où se trouvent les gens que nous devons retrouver, Duroc et le sergent Junot et c'est de la générosité et c'est de la sensiblerie, des drapeaux, des épées et l'épée du général Beauharnais, ce sont les soixante étendards ennemis que le bel Augereau s'en vient, en faisant des grâces, remettre délicatement au Directoire, c'est l'essor de l'armée vers Marengo, le Saint-Bernard, les mules et les peines de cœur du guide de Bonaparte, c'est la féerie indiscrète, ce sont les changements à vue et tous les décors d'or, de soie et de pierreries ; mais, dirigeant cet étincelant chaos, commandant aux éléments et aux révolutions, au milieu des décors de féerie, des drapeaux-fantômes et des mulets prédestinés, c'est le petit général, peu à peu engraissé, que nous avons vu se faire frotter le dos.

Toutes ces choses ont été, Julien, et toutes ces choses sont.

Roulez, tambours, allez, soldats, parmi les soleils d'Italie et parmi les nuits d'Egypte, tirez vos canons jusqu'aux ombres d'Austerlitz et jusqu'aux arbres frais de Wagram, perdez-vous en les ténèbres raidies de la Moscovie et revenez disparaître en l'obscurité de Waterloo ; toi, Europe, aiguise-toi, élargis-toi, rétrécis-toi et vous, cieux, devenez roses et devenez rouges, vous pouvez être à Julien, cieux, Europe, soleils et soldats.

Que lui faut-il ? Rien.

Qu'a-t-il fallu à Bonaparte ?

Et tu te sens une âme d'aventurier et d'aventurier selon Napoléon.

Il fait beau. Tes lèvres sont roses, ton corps est souple et ferme. Le paysage se nuance de la mollesse la plus grave et de la plus riante force.

Tu iras, Julien, devant des hommes et des peuples que tu conduiras à la gloire, pour pouvoir ensuite, en une île de cauchemar, en une île de songe, te faire frotter — fort — ton dos nu.

2

Notre livre est tombé dans le ruisseau et s'en va, s'en va. Et nous voilà, tels jadis Adam et Ève, chassés de notre arbre, de l'arbre de science, vers Mme de Rénal et vers l'existence.

Ah! Julien, tu n'oublies pas le *Mémorial*.

Il te suit.

Lorsque tu trouves dans l'église, le fragment de journal où te guette le récit de l'exécution d'un assassin, tu t'irrites contre l'échafaud et tu repousses le présage; mais tu te rappelles en même temps l'émotion de Bonaparte lorsqu'il voit les terroristes guillotiner l'octogénaire Hughes, à cause de ses dix-huit millions.

Il lui semble que c'est la fin de tout et qu'on est à la fin du monde.

L'avarice d'un M. Valenod ou d'un M. de Rênal te semble d'une autre espèce que l'avarice de Napoléon, courant, déguisé, affairé, soupçonneux, par les boutiques du boulevard Saint-Denis pour faire évaluer un gland qu'on lui a coté trop cher.

Et lorsque tu te trouves en présence de l'évêque d'Agde, que tu admires sa jeunesse et que tu calcules ce que peut valoir son évêché. — 300.000 francs peut-être — tu te dis que c'est l'âge de Lodi, l'âge des Pyramides et que Bonaparte refusa — pourquoi? — les quatre millions du duc de Modène, les sept millions de Venise. Et ne te représentes-tu pas, lorsque tu caracoles sur ton cheval de hasard, dans le cortège d'honneur du roi de Verrières, Bonaparte et Paoli passant à cheval, côte à côte et lourds de pensées, à travers les rauques conseils des rocs de Corse? Et peux-tu, dans la bibliothèque, toucher un livre sans te demander si Napoléon le lut ou ne le lut pas, l'aima la première fois et ne le sabra pas ensuite, comme l'*OEdipe* de Voltaire ou la *Nouvelle Héloïse?* Et l'*Iphigénie* de Racine, qui le fit pleurer, malade, loin du Simoïs et de la langueur de son Astyanax!

Mais ce sont confidences dont tu n'embarrassas point M. de Stendhal : il voulait te perdre ; il te perdit.

Peu à peu, de plus en plus, tu te détaches du *Mémorial* et de Napoléon.

Oh ! tu y reviens et fiévreusement, en un spasme, et tu associes le pâle vainqueur à tes tristesses d'amoureux et à tes révoltes de subalterne humilié. Mais ce sont là saccades et motifs — cherchés — d'amère exaltation et de froncement de sourcils (*et Napoléon n'avait pas de sourcil*) c'est en somme de l'irrespect.

Cé que Napoléon ferait à ta place ? il ferait de n'être pas à ta place.

Ah ! Julien, ne manques-tu pas de sincérité et de bonne volonté ? Oui, Napoléon est ici, est là, dans tes désirs, dans tes ambitions, dans tes folies. Mais Mme de Rénal et Mlle de La Mòle y sont aussi.

Et tu deviens modeste : tu n'es plus qu'officier d'ordonnance de Napoléon et tu charges une batterie : qui sait ? tu ne voudras plus être tantôt qu'un de ces dragons qui passèrent en ton village, en manteaux gris, pour faire plaisir au sous-lieutenant Henry Beyle !

C'est que, Julien, ton âme d'aventurier qui

s'obstine ne se spécialise plus : bonne d'âme d'aventurier, elle s'isole de bonne heure et se fait plus vulgaire, d'une inquiétude moins féconde : elle trouve partout une aventure et *l'aventure* — et elle s'y arrête.

Est-il temps encore pour bombarder Toulon, pour faire trembler le pont d'Arcole ?

Et le temps court. Tu es séminariste, tu es secrétaire, tu es chevalier de la Légion d'honneur, tu es lieutenant de hussards, tu es noble.

C'est l'occasion ?

C'est — enfin — le départ ?

C'est l'essor ?

C'est l'échafaud.

Oui, je vous comprends, Monsieur de Stendhal. Vous teniez à être sanguin.

Vous écriviez à vos amis « Parce que Julien est un coquin... » Mais vous n'en pensiez pas un mot.

Vous préfériez Julien pour un de ses emportements ou pour une de ses frénétiques roueries à Napoléon Bonaparte.

Et le goût des baisers de Mlle de La Môle vous rongeait jusqu'à l'éphithète. Ah! combien, vieil homme sans avenir, vieil homme de passé hésitant, vieil homme tout de regret et tout d'effort vers des amantes lointaines, vous aimiez Julien pour s'être dérobé aux gloires suprêmes, à tous combats, pour avoir vécu et pour être mort parmi la passion naïve d'une vieille femme et la passion nerveuse d'une jeune fille !

Vous avez aimé Napoléon ; vous l'avez aimé parce que vous l'aviez suivi, à distance, à cheval et parce que, mélancolique, il prêtait à l'île d'Elbe quelque irréalité. Vous l'aimiez aussi pour quelque brutalité qu'il avait imposée aux choses; pour les cris de dix batteries d'artillerie et pour quelques gestes qu'il vous avait permis, en calèche, pas très près de la Bérésina.

Vous l'aimiez aussi pour quelques jeux de sentimentalité, mouchoirs froissés et égratignures d'éperons en des tapis.

Puis vous vous étiez laissé rider, sans trop le vouloir, par cette indulgente Italie — et Marengo ne vous semblait plus qu'une bataille, cependant que la moindre ou la pire femme s'affirmait femme.

Vous avez eu le patient caprice de faire échouer Julien et de l'alanguir et de le faire guillotiner : c'était votre droit.

Mais n'était-ce pas ton droit, Julien, de te

dresser si fort, si violent, si beau devant M. de Stendhal qu'il lui eût fallu te sacrer empereur n'importe où, de te donner toutes les femmes et tous les mondes?

Ah! Julien, tu es bien coupable : tu t'es abandonné à l'amère sénilité de M. de Stendhal : il a pu faire de toi le moindre intrigant, il a pu faire de toi le plus modeste voluptueux et tu t'es laissé faire. Et parce qu'il avait besoin, pour écrire sa plus jolie phrase et pour son plus joli sourire et pour notre émotion la plus rauque et la moins déclamatoire, de t'étendre parmi des bois de justice, tu t'es étendu — docilement.

C'est la faute à la génération, Julien? Ah! ta génération, c'est *Antony*, c'est *Chatterton*, c'est *Kean*, c'est *Didier*, c'est bientôt Lacenaire, c'est bientôt Deutz et le falot Capo de Feuillide.

Mais ce sont aussi les polytechniciens et les employés de boutique qui se précipitent sur les Suisses de Marmont et qui plantent le drapeau tricolore de M. le duc d'Orléans au balcon de l'Hôtel de Ville, ce sont, auparavant, les quelques jeunes hommes qui, avec le colonel Fabvier et le lieutenant Armand Carrel, cherchent le décor de la Bidassoa pour offrir le drapeau tricolore aux boulets du duc d'Angoulême, ce sont les jeunes hommes qui, de l'Espagne inhospitalière, loin des Ferdinands parjures, suivent le fantôme de la Liberté jusqu'en Grèce et y regardent mourir ardemment lord Byron et Chios, ce sont tous ces fusils et tous ces chants lyriques d'Hellade, c'est Vigny, c'est Lamartine, c'est Hugo, ce sont les sergents de La Rochelle — et c'est ce poignard fatidique, Louvel.

Ce sont des échafauds, oui, et ce sont des gibets, ce sont les têtes grimaçant à la pointe du cimeterre du Turc, des cours martiales, des conseils de guerre et des échecs.

Ce sont des fatalités diverses et indiscrètes, mais ce sont des encouragements, ce sont des exemples, c'est tout!

Mais M. de Stendhal ne s'en soucie point.

Il est en Italie, en l'Italie du *Dernier chant du Pèlerinage d'Harold*, toute de mollesse, et de caresses, et de soleil trop léger ou trop lourd. Ici et là, en Piémont, en Vénétie, un général et un régiment se révoltent, l'un suivant l'autre. Le mot *Constitution* trouble des cervelles libérales, et c'est le cachot pour cabinet de lecture de M. Silvio Pellico.

Ce sont ici et là les subtilités des carbonari, leur jeux de cache-cache et de petits papiers, ce sont des conspirations de jolies femmes —

et c'est cela qui vous passionne, Monsieur de Stendhal.

Gorges chuchotantes, gorges haletantes, paupières baissées et fiévreuses, mains lyriques et gants tordus et le parfum hâtif des complots, c'est un coin de salon où vous discutez *amour-goût* et *amour-sensation*, où vous faites le beau et où vous inventez des angoisses.

Où est-il, le morne cavalier de Montereau ?

Et malgré vous peut-être, Monsieur, Julien vous suit en votre Italie.

Elle s'appelle Paris et les « carbonari » se nomment « libéraux » mais à cela près...

Et vous mettez des femmes dans l'affaire.

Les Femmes.

STUDIA LA MATEMATICA.

10.

« Studia la matematica. »

Le Palais-Royal. Et la petite prostituée de la collection de M. Frédéric Masson.

Ç'a été du Restif de la Bretonne à teintes plates — et du Chardin en bottes d'ordonnance.

Et des filles qui, les cuisses résignées, errèrent le long des galeries de bois.

Aujourd'hui c'est du silence, des enfants qui, très loin, jouent à la main-chaude, et de l'eau qui s'élance avec langueur.

Et c'est la petite prostituée de la collection de M. Frédéric Masson.

Elle a toujours « sa grande jeunesse, son teint pâle et son physique faible ».

Et elle a froid.

C'est un coin du Palais-Royal, d'un vert très profond, et où la pierre semble molle.

Et la petite « personne du sexe » semble attendre quelqu'un.

Quelqu'un vient. Ce n'est pas un petit officier à qui elle contera, pour en avoir été priée, la perte de son « P... », c'est une femme, « une jeune personne éblouissante, fort coquettement mise et fort leste ».

La petite prostituée du Palais-Royal est fort triste : elle a froid. Et elle salue poliment, avec quelque respect, la belle dame qui n'a pas froid.

La belle dame lui rend son salut — en italien. « Ses manchettes et son tour de gorge sont bordés d'un fil de soie garni de pompons couleur de rose. »

Elle parle.

Je me nomme Zulietta, dit-elle. Je suis la Zulietta de Jean-Jacques Rousseau.

— Je ne sais pas, dit la petite prostituée de la collection de M. Frédéric Masson, comment on m'appelle. Je sais qu'on m'appelle beaucoup. Et c'est parce que, à cette place, j'ai causé avec un petit officier noir et jaune dont je sus le nom, après un siècle. C'était Napoléon Bonaparte. Je lui dis : « Allons chez vous.

Allons, nous nous chaufferons et vous assou-
virez votre plaisir. Nous allâmes, nous nous
chauffâmes; il s'assouvit.

— Nous, nous n'avions pas à nous chauffer :
il ne fait pas froid à Venise. Nous avions la
mer devant nous, la mer où je l'avais embrassé,
à l'improviste, et où je l'avais enivré de mon regard et de mon accent. Nous ne nous chauffâmes point, et il n'assouvit pas son plaisir : il
le pleura — d'avance, il pleura, stérile, et il
s'attendrit.

— Le mien ne s'attendrit pas. Il avait fait
effort pour plaisanter, pour s'étonner, pour
mépriser et pour consoler. Il ne fit point effort
pour aimer : il aima et partit.

— Il partit, triste et désolé parce que je
m'étais éventée parmi la chambre, et que le
dédain du lit de repos avait pesé sur lui. Il revint le troisième jour, parce que je lui avais
accordé ce rendez-vous et qu'il m'avait vu
rire. Il ne me trouva pas et me regretta, me
regretta. Je l'appelais « Zanetto. »

— Moi, je l'appelais « monsieur ».

— Si M. France passait par là...

— Si M. France passait par là.

— Il nous dirait : « Petites filles,

— Que diable vous racontez-vous?...

— Le Procurateur de Judée

— Ne se souvint pas de Jésus...

— Nous répondrions : « M. France,

— Nous nous souvenons de ces gens,

— Parce que l'écho de la terre,

— Les pleurs, les rêves des amants,

— Nous apprirent ces noms doucement dans la terre

— Où nous dormions notre sommeil de pauvres filles.

— Et nous nous souvenons de tout, nous savons tout ; nous sommes mortes. »

Et la petite songe : « C'est vrai, tout de même, que nous sommes mortes. »

— Ma sœur (car tu es ma sœur)...

— Ma sœur...

— Si nous parlions d'eux ?

— Il était petit, il était maigre, et sa jeunesse était sans grâce. Il était mal vêtu. Il me fit regretter, un peu plus que de coutume, l'officier qui m'avait déshonorée à Nantes, en Bretogne. Et c'est tout.

— Que dire de mon Zanetto ? Je ne sais plus s'il était petit ou grand, s'il était élégant ou misérable. J'ai trouvé pendant ma vie et après ma mort des portraits, des statues, des reliques et des bustes. Et je les ai regardés, et je me

souviens seulement que toujours j'eus envie de
pleurer parce que je me souvenais qu'il avait
pleuré. Je ne me souviens que de ses larmes.
Je m'étais jetée à son cou, un peu par jeu, un
peu parce qu'il me plaisait; mais pourquoi
m'avait-il plu? Ah! je ne me rappelle pas! je
ne me rappelle pas! Peut-être étais-je attirée
vers cet homme qui devait pleurer chez moi et
défaillir devant mes charmes. Il me manqua.
Je m'étonnai. Je ris de lui, je ris de moi et je
voulus le faire rire; mais il vit que j'avais, que
j'étais un téton borgne. Il pleura. Il pleura sur
moi, sur lui et sur l'univers. Je m'agaçai. J'allai
à la fenêtre. Il alla à la fenêtre. Je m'en ôtai et,
m'éventant par la chambre, essayant d'écarter
de moi, en m'éventant, toute pudeur, toute
honte, toute émotion, tout le trouble épars qui
me venait de Zanetto et du monde, je lui dis,
froide et dédaigneuse : « Zanetto, *lascia le donne
e studia la matematica.* »

Malheureuse! Je voulais ne pas comprendre!
Je voulais ne pas voir que Zanetto seul aimait
les femmes, et que seul, il ne pouvait les quitter, qu'il devait les trouver toujours sur sa
route, pitoyables ici, moqueuses ailleurs, mais
sans cesse autour de lui pour le faire souffrir,
pour le faire vivre.

Malheureux! tu étais le fantôme qui devait passer devant mon fantôme et qui devait pleurer pour me faire pleurer. Tu ne vis pas mes pleurs. Je partis pour ne pas te voir partir. Et je ne sais pas ce que je devins. Tes larmes! tes larmes! Je voulus me voir dédaignée! Je voulus te voir niais et impuissant. Était-ce parce que je te désirais brutal et vite?

Je ne sais pas. Tu pleuras! Tu pleuras de me voir la chose du moindre capitaine de vaisseau marchand. Est-ce que je souffris encore les caresses des marins et des inconnus? C'est bien possible, et il se peut encore que j'aie ri de gens qui pleuraient. J'ai dû être plus méprisante encore et plus bassement sensuelle, et c'est parce que je te voyais toujours, mon Zanetto qui pleuras et qui demeuras glacé! *Studia la matematica!* Hélas! hélas! et que voulais-je dire? C'était un mot de fille, et ce n'était qu'un mot de fille! mot d'une passionnée aussi, et qui haïssait les calculs et qui voulait qu'on s'aimât au clair de la lune, au clair de la mer, sans phrases et sans fin, sans littérature et sans orthographe! Mot d'une fille perdue qui déteste la vertu et qui déteste la pureté et son regret — et qui l'aime. Ah! Zanetto, homme qui t'humiliais devant ma beauté humiliée, homme qui

pleurais pour moi qui ne pleurais pas, et qui
souffrais pour celle qui s'efforçait de ne pas
souffrir, ah! Zanetto, qui jouissais plus de ne
pas jouir salement, et dont le trouble fut tel
qu'il me troubla à jamais, Zanetto, tu n'étudias
point la mathématique. Tu étais le botaniste
fatal qui voit trembler les fleurs et qui ne les
cueille pas, qui s'exclame — pas trop fort — le
long des routes, alors qu'y poussent les pervenches pour que ces pervenches puissent
charmer encore les improbables botanistes
qui passeront sur cette route. Tu étais le botaniste fatal qui regarde fleurir aux seins des
femmes la douleur et les tétons borgnes, et qui
pleure sans le faire exprès, et qui pleure pourtant beaucoup, beaucoup, parce que la fleur est
gâtée et se fane en une inconsciente agonie.

Studia la matematica! J'étais la voix vulgaire, j'étais le cri de la médiocrité, j'étais la
masse, j'étais le mal, j'étais le néant. Je t'in-
juriai, Zanetto — et tu me recherchas parce
que tu étais bon et que tu avais l'âme douce et
humble. Tu me recherchas pour me montrer
que tu n'étais pas un Dieu dolent et que tu pouvais, comme un autre, être le mâle, la brute
inféconde qui veut jouir — pourquoi? Moi, je
ne te cherchai pas. En fuyant, je croyais te re-

trouver — où? — et aller vers toi et te dire :
« Zanetto, je ne suis pas la bête que tu imagines.
Je ne suis pas l'instrument de plaisir et d'avilissement auquel tu veux sacrifier, par bonté.
Je suis une pauvre fille sur qui tu as pleuré et
je suis digne de tes pleurs. J'ai continué mon
métier parce qu'il faut que la vie ne soit pas
lyrique et parce que tu m'en voudrais, Zanetto,
d'être devenue une honnête femme parce que tu
pleuras. » Mais je ne t'ai pas revu et je ne devais pas te revoir. Tu n'étudias pas la mathématique. Botaniste, tu te souvins douloureusement que tu avais trouvé une fleur douloureuse et qu'elle avait fui — et c'est
tout.

— Le petit officier du Palais-Royal avait,
lui, étudié la mathématique. Lorsqu'il me
trouva, sans me chercher, près des portes de
fer, il avait dosé et calculé sa tendresse, son
besoin et son coup. Il ne me donna ni trop de
mots, ni trop de mépris, ni trop d'amour. Puis
il s'en alla, très précis. Sa jeunesse était coupante. Sa brutalité était sobre. Et sa passion
était nette. Il s'en alla et je ne le regrettai pas.
J'avais été pour lui un accident souhaité et pas
trop souhaité, une heure d'effusion, deux mois

de sérénité et de froideur fécondes. Ah! les grands hommes!

Et, petit officier d'artillerie, tu ne fus pas méchant pour moi. Tu ne m'appelas pas « prostituée » et tu ne t'apitoyas point trop cruellement sur mon infortune. Tu me pris comme j'étais, flétrie, sans cynisme et triste et souriante d'un sourire corporatif. Et tu fus content de me voir très jeune : tu étais très jeune, tu me serras en tes bras secs et tu te sentis aux lèvres une lassitude ardente — mais tu avais étudié la mathématique. Ah! tu n'osais pas être botaniste, petit mathématicien. S'arrêter, épuiser toute sa tendresse, toute son horreur, se donner tout entier et laisser la femme se donner toute, non. (Et sans point d'exclamation.) Et baiser au front la petite femme qui passe, avant de la laisser passer, c'était à ce moment où le roman russe n'existait pas, assez roman anglais, mais assez inutile. Tu avais dix-huit ans. Tu étais pauvre. Tu te sentais très mal dans l'armée et tu n'espérais pas beaucoup de gloire littéraire. Tu n'avais rien, que ton âme avide et brûlante, ton âme de lave et de flamme, ton âme de proie et d'infini. Ton Zanetto, Zulietta, avait le temps de pleurer. Il avait un peu plus de trente ans et avait déjà souffert, souffert beaucoup. Il ne se hâtait pas de communiquer sa souffrance et son ardeur aux hommes : il s'obstinait en un apprentissage solitaire et n'était pas encore assez faible, assez fou, assez empli et mangé de misère, de haine et d'amour pour faire frémir son âme éparse dans les âmes de tous. Et il était botaniste, un peu astrologue aussi, il était celui qui regarde mourir le ciel dans les fleurs et les fleurs trembler vers le ciel. Il était celui qui désire tout et qui ne veut rien. L'officier du Palais-Royal était celui qui ne désire rien et qui veut tout. Lequel avait raison? Tous deux surent jouir et surent souffrir et je crois bien que tous deux furent frères. Ils ne se seraient pas aimés. C'est bien malgré lui, par la faute de l'époque, du siècle, que mon petit Corse subit l'influence de ton Suisse, qu'il cria comme lui, et qu'il écrivit d'après lui. Mais ces deux enfants lâchés sur le monde pour le posséder eurent la même vie et la même fin. Sommelier et empereur, révolté et tyran, poëte et soudard, vous êtes mêmes. Et je préfère tout de même mon petit officier du Palais-Royal parce qu'il était jeune et bref, parce que je fus sienne.

— Petite, tu es une enfant. Marie-Louise remplaça ton Corse par M. de Neipperg qui était borgne et qu'elle aima follement, et Thé-

rèse Levasseur fut la chose pantelante et sou-
mise d'un palefrenier ignoré. Et ce sont phan-
tasmes qui indiquent que nous ne sommes pas
faites pour les hommes de génie et pour les
hommes de passion, qu'ils ne sont pas faits
pour nous. Ah! petite, ne crois-tu pas que
l'officier que tu rencontras le long des galeries
de bois, c'était mon Zanetto qui avait, depuis sa
mort, étudié un peu la mathématique? Je
n'aime pas la métempsycose. Il serait pourtant si facile de supposer que Napoléon fut un
Jean-Jacques corrigé, plus strict, plus chan-
ceux et plus malchanceux! Mais je préfère
Zanetto parce qu'il pleura.

— Napoléon ne pleura point.

— Il n'avait pas à pleurer. Il ne s'arrêtait pas
auprès des femmes. Une étreinte, un soupir de
volupté — et la course reprenait. Mais Jean-
Jacques croyait toujours sa vie terminée. Il
s'amusait à mourir, sans fin, et s'écoutait mourir. Il était chaste. Il aimait la souffrance. Une
femme fut pour lui — toujours — l'occasion de
se pleurer. Pleurer! pleurer! ah! botaniste!

— Napoléon n'avait pas le temps de souffrir
ou de pleurer. Mais, lui aussi, il était chaste.
M. Pierre Louÿs ne l'imagine pas pratiquant
l'abstinence. Il a tort. Il méprisait les courti-

sanes. Il ne croyait même pas leur faire une
grâce en les étreignant. Il se déchargeait d'un
peu d'émotion, de tendresse, de trouble. Il se
réglait. Femmes qu'on vit ou qu'on ne vit
pas monter l'escalier secret des Tuileries,
lourde Grassini, craintive Duchesnois, suscep-
tible Bourgoin, et toi, Georges, et les lectrices,
et les autres, vous n'eûtes rien de Bonaparte. Il
vous pressait contre lui, chairs et tragique
épars, il cherchait en vous un oubli de tout, un
instant de brutalité et il vous renvoyait. C'est
la pièce de quarante francs offerte à Mlle George
qui veut le portrait du héros : « On dit qu'il me
ressemble », et c'est un ou deux chapitres de
M. Frédéric Masson. Il n'aime pas. Il ne se
« satisfait » pas. Il a des chairs à caresser, à
meurtrir. Il a à ne pas se laisser devenir senti-
mental. Il est chaste. Il faut qu'il se débarrasse
de ses désirs avant d'avoir des désirs. Il en fait
des besoins, de gros besoins : « Oust ! ouf ! » et
c'est tout. Une demi-heure d'étreinte, c'est la
pire abstinence.

Le temps vient où Napoléon cherche une
idylle. C'est à un tournant. Et c'est Mme Walewska. Il a des heures à tuer, il a des projets à
couver, à mûrir, à éteindre un peu. Il doit
bénir celle qui lui résiste, qui lui permet des

ardeurs et des irritations, des bouquets et des lettres de collégien. Et ça passe.

Et il voulut des enfants.

— Jean-Jacques laissa mettre ses enfants aux Enfants trouvés : c'est qu'ils auraient eu des mots délicieux, qu'ils auraient été pour lui les tourments les plus délicieux, les plus délicieuses inquiétudes et qu'ils l'auraient fait souffrir trop doucement. Ç'aurait été charmant. Souffrir ! souffrir ! Ah ! botaniste.

— Pour Napoléon, un enfant comme une femme, comme un pays, c'était une équation. Du calcul toujours ! et un calcul pas odieux. Ah ! combien Hortense a tort de s'écrier : « Comment, quand il me traitait comme sa fille ; quand il m'était si doux et si simple de retrouver en lui le père que j'avais perdu, tant de soins, tant de préférences données étaient de la politique et non de l'affection !... »

— Petite ?...

— Petite Zulietta ?...

— De quoi nous occupons-nous ?

— Mais...

— M. Frédéric Masson avait dit tout cela avant toi...

— Et avant toi.

— Qu'importe ?

— Ah ! Zulietta !

— Ah ! petite ! c'est de la littérature ! De vrai, je regrettai moins Zanetto. Mon regret le plus cuisant fut pour M. de Brémont ou pour un capitaine de vaisseau marchand ou pour un matelot que j'avais connu naïf et goulu.

Et toi, petite, tu aimas et tu cherchas quelqu'un — qui t'avait embrassée purement ou t'avait battue ou qui n'avait pas voulu de toi. Mais les grands hommes ! les aventuriers ! ça n'a rien à faire avec les femmes. C'est la Zulietta de 1744 qui avait raison : « *Lascia le donne e studia la matematica* ». Etudier la mathématique et laisser les femmes. Faire mieux ! les avoir toujours laissées ! Etre resté vierge ; rester vierge, redevenir vierge ! Ah ! qu'ils devraient être vierges, — toujours, simplement.

— Et nous, Zulietta ? et nous ?

15 août 1896.

Une petite femme vint qui s'assit. C'était un café mélancolique où des gloires avaient traîné et des vaudevillistes aussi et où le patron se mourait d'un anévrisme longanime. La petite femme demanda un lait chaud. Sa voix était douce et lente. Des cheveux lui tombaient aux épaules et lui tombaient à peine plus bas et sa robe lui tombait aux talons — pas très bas parce que c'était une petite femme — sans dire les hanches ou les seins ou la taille, et c'était une robe toute droite, sans plis, souple comme la tristesse et triste comme un reproche. Et de jeunes hommes s'assirent autour et demandèrent des laits chauds. La petite femme parla. Et ils écoutèrent la petite femme.

Elle avait la tête à laquelle on rêva toujours, à laquelle on ne pensa jamais. C'était en son cœur qu'on la voyait et elle venait de très loin, de partout, de toujours. On l'avait trouvée aux marges de Racine, aux marges de Jean-Jacques et de Jean-Paul et de Vigny, et c'était tout Mallarmé, tout Loti, tout Maeterlinck et tout Verlaine. A y bien réfléchir, on la réconcilia avec Stendhal, Barrès et Henri de Régnier. Et on eut aux lèvres et dans la gorge le goût de la mer qui emporte — sans le faire exprès — des âmes et des âmes.

Petite femme qui s'ennuie, elle souffrit autour de soi des gens qui s'ennuyaient. Les uns étaient allemands, les autres, peintres, d'autres, vieillards, et il en fut qui, les mardis, sortaient de chez monsieur Mallarmé.

Les omnibus les attendaient à la porte du café et ils étaient venus jusqu'à cette place, après des détours, pour trouver des omnibus. Et les omnibus s'ébrouaient, successifs, avec des yeux verts et des yeux rouges et filaient et c'était la nuit ensuite où les globes de M. Popp s'éteignent et où les rues se font froides et noires. On demeurait autour de la petite femme. On parlait, on ne parlait pas. On écoutait la petite femme et on ne l'écoutait pas. Et

lorsqu'on quittait le café, à deux heures moins
seize, lorsqu'on cherchait, parmi des descentes,
les couches solitaires du Quartier ou d'ailleurs,
on se découvrait l'âme même, toute même —
et de par l'âme de la petite femme.

C'est la rue Pigalle. C'est la rue Bréda. C'est
la fontaine Saint-Georges.

Et voici les boulevards. Et voici, refrain,
l'équivalent sentiment de la petite femme :

> *Ha-ra-ra-bé-belle,*
> *Tou-tou-tou-ta-ta-ti-ti*
> *You-you-you-si-si-da.*
> *Va-va-va-mi-you.*
> *Ta-zi-zi-zi-mé-hi-tou-tou !*
> *Ca-da-la-vi-té-zi-gheh !*
> *Li-rou-mé-hi-la-dou-dé-dé,*
> *Ro-Ro-Ro-Ro-do-do !...*

C'est un trouble. On n'est pas amoureux. Et
les chemins sont longs. Et cependant qu'on
marche vite, la figure revient, lente et le corps
aussi.

C'est le sourire, ce sont les dents blanches,
dont l'une un peu en arrière et une autre un
peu jaune, à droite, et ce sont les cheveux
ternes, longs et très courts (pour y pleurer), et

c'est le front étroit assez pour être celui de notre sœur. Et c'est la bouche puérile, la bouche lasse. Et l'on n'est pas seul et on est seul, car c'est du fond de son âme, à soi, que sort sans hâte cette figure. On arrive. On allume la lampe pour se coucher seul. La flamme de la lampe n'est pas haute et c'est du silence, dehors. On a le cœur qui glouglloute, qui s'amollit. On ne se couche pas : on écrit.

I

On n'est pas amoureux de la petite femme. Qu'aimerait-on en elle ? Ses yeux un peu myopes, un peu bruns, tranquilles et humides, ses yeux qui ne s'amusent pas et qui chantent ? Son sourire si las et son rire si las en sa fraîcheur, si brisé en sa jeunesse ? Désire-t-on ce corps qu'on devine à peine et qui est confiant en sa gaine de crépon sombre ? On ne sait tout d'abord, car cette petite femme est une femme...

Puis on la sent si à côté de soi quand elle n'est pas là et si réelle !...

On n'est pas amoureux. On est gêné quand on s'assied sur la banquette brutale du café où elle est assise : on a un peu peur. Elle n'existe pas, cette petite femme, c'est une entité, c'est une réalisation — et c'est bête.

Elle est en notre cœur : c'est notre enfance et notre tristesse et notre malheur, c'est notre sourire et notre lassitude ; et sa gorge qui sort à peine d'un foulard noir est si fatale et se tend si atrocement, si joliment vers des flèches et du fer ! C'est nous, c'est notre sœur, c'est notre beauté.

Des peintres l'ont vue et l'ont priée de poser : elle a bien voulu — pas trop. Et les peintres ont fait son portrait... et l'ont raté. Car c'était leur émotion qu'ils voulaient fixer sur leurs toiles et en leurs pastels -- et ça n'est pas pratique. Et c'est si peu de chose qu'il faut peindre ! Un nez qui frise et des cheveux qui frisent, une main qui ondule ? Oui, mais après ?

Après ?

C'est une petite femme qui s'assied et qui attend, qui sait ce qu'elle attend et qui attend quelque chose de plus. Autour, ce sont des gens qui attendent et qui ne savent pas ce qu'ils attendent. La petite femme est un instrument de patience, d'attendrissement, d'alanguissement de méditation et de perversité.

On la croit perverse.

Et c'est parce qu'elle s'ennuie et qu'elle s'ennuie moins quand des gens s'ennuient en face et à côté.

On la croit froide.

Et c'est parce qu'elle se défie et qu'elle a ce qu'elle veut et qu'elle aime. Et ses yeux sont droits et épient — et se détournent.

Ses affaires de cœur. Nous ne savons pas. Ceux qu'elle aima, de vrai, ça n'était ni nous ni de notre génération. Des étrangers.

Pftt!... Elle est sous et *notre génération*.

II

On le lui a fait savoir — et ce n'était pas la peine. Elle a eu son année, ses poètes, sa cour et sa littérature. Tout le monde lui a serré la main et a échangé avec elle des aphorismes peu coûteux. On l'a menée du cimetière Montmartre au d'Harcourt et de Chatou à la rue de l'Échaudé. On l'a fait danser parmi des vases de M. de Tinan et des cyclewomen de M. Henri Albert. Elle a été partout la même, vague sans pose et aimable. Elle a gambadé, musé, boudé. Elle a été la muse de tous. Et elle a eu pour se débarrasser des indiscrètes caresses de ses cheveux le geste qui rejette en arrière des siècles et des mondes. Elle a donné du talent aux enfants parce qu'elle leur a donné le petit trouble qu'elle seule peut donner. Et quelques-uns, pour avoir écrit des mots où tremblait ce petit trouble, des mots où l'on sentait se gercer ce petit trouble (sans savoir pourquoi) nous troublèrent délicieusement.

Et ceux-là, pour avoir dit leur trouble, le perdirent et crurent que la petite femme était une camarade et une petite femme. Ils n'eurent plus de talent, ils avaient transgressé les rites — ils avaient vieilli.

III

Or l'un de ceux qui n'étaient pas amoureux était moins amoureux encore. Il était plus troublé. Il était venu dans ce café par hasard, parce que c'était loin et il y était revenu parce que c'était fou. Il y avait trouvé cette femme et il ne s'était pas approché d'elle. Il saluait les gens qui étaient avec elle et qui étaient peu ou prou ses amis à lui pour ne pas avoir l'air de la saluer et pour la saluer cependant.

Trois mois, quatre mois, il s'obstina. Il ne regardait toujours pas la petite femme, il venait

« perdre son temps » sans plus, s'occuper à ne
pas dormir, s'apprendre à ne pas dormir —
parce que (qui sait?...) — et échafauder sur
des rêves inachevés des rêves plus superbes
qui ne s'achèveraient point. Les amis qu'il
s'amusait à reconnaître s'en furent en Alsace
ou à Jumièges et il se trouva un soir, sans trop
savoir pourquoi, à côté de la petite femme.

Ce fut délicieux.

Il étudia la mathématique. Les cheveux ternes
tombaient, se caressaient à la banquette, aux
verres et aux soucoupes. Les yeux de la petite
femme s'accrochaient aux lumières paradoxales
du café ou baignaient leur molle ténèbre à des
lunes du dehors. De temps en temps, les doigts
du jeune homme montaient jusqu'aux cheveux
de la petite femme et ne s'y arrêtaient pas. Un
reproche, une moue. Et ça recommençait.

Oh! ça n'allait pas plus loin. Ç'aurait été
mal; ç'aurait été sot. Mais c'était nécessaire au
décor. Et c'était une pire douceur. A côté de
cette femme, en cette torpeur de café, le jeune
homme se sentait l'âme des héros. Il avait
envie de pleurer et il trouvait que c'était dans
la tradition. Il était las — et c'était aussi dans
la tradition. Et sa tendresse s'épandait plus
molle. Il était faible. A vrai dire, il avait tou-

jours étudié la mathématique et s'amusait à frôler les chevaux, les bicyclettes, les jurons des cochers, tout juste, pour prouver qu'il était un strict calculateur; il frôlait les colères des hommes absolument, restant en dehors ou partant lentement, avec les honneurs de la guerre, au moment où ça se gâtait. Des haines couraient autour de lui, des calomnies aussi et des mauvaises volontés. Il s'était éjoui deci, delà, à défier la mauvaise fortune, à lasser la chance, à dédaigner des dévouements et à décourager des admirations. On ne l'aimait pas. Les femmes le disaient laid, les hommes méchant, les gens vertueux le disaient ignoble et les gens vicieux le disaient la vertu même. Il avait en outre, exaspéré, le sentiment du ridicule. Et à côté de cette petite femme, sans désir charnel, il songeait à « provoquer » les sergents de ville, la force armée et l'univers : il étudiait la mathématique. La petite femme parlait littérature — et le jeune homme était venu en ce café pour fuir les conversations de café. Mais il n'entendit pas discuter le génie de MM. Paul Fort et Klingsor : il étudiait la mathématique. Elle parla amour et il détestait son enfance, à cause des conversations de collège : il n'entendit pas : il étudiait la mathématique. Il se sentait fort, audacieux et logique, il sentait sur soi la bonne volonté des dieux et une bonne volonté pas gênante, pas mystique, pas folle : il étudiait la mathématique. Ce qui lui plaisait surtout, c'est qu'il ne songeait pas une minute qu'il fût prédestiné. Ce café ne se révélait pas mythique. On y buvait sans outrance, on jouait aux échecs sans conviction et les rires retombaient tout de suite sur les soucoupes — sans les briser. On y faisait peu de bruit : le jeune homme y pouvait songer à tout le fracas des batailles et imaginer la féerie des « feu à volonté ! » Les faces des gens étaient sans fierté, le jeune homme pouvait évoquer la magie féroce, le prestige des agonies de héros. Rien n'était moins napoléonien que le décor : le jeune homme y pouvait être tout à Napoléon, tout passion et d'une passion qui restait en lui, sans s'épandre au dehors, inféconde.

Attendrissement, douceur, rêve inconsistant et berceur, demi-torpeur, demi-désespérance et demi-néant, choses d'idéologue. Napoléon n'aurait pas été content et aurait passé. Et cette petite femme, Napoléon l'aurait-elle aimée ? Mais lui, l'aimait-il ?

Non.

C'était une occasion. C'était un pivot, un

prétexte, elle marquait de ses cheveux, comme d'un fanion calme, l'endroit où il devait étudier la mathématique. Il était heureux auprès d'elle.

Il se sentait troublé — et serein.

Et il sentait que son trouble n'était pas en lui, qu'il était à côté de lui. La petite femme ne disait pas qu'elle souffrait, qu'elle s'ennuyait. Elle ne faisait pas saigner son charme saignant. Elle nuançait ses plaisirs, nuançait ses petites peines et s'offrait, en robe longue, aux yeux des pauvres petits peintres et de pauvres petits littérateurs qui voulaient de la beauté et qui ne la cherchaient pas parce que c'est trop cher. Et des pages naissaient sous ses pas et de petites fleurs croissaient par elle qu'elle laissait cueillir aux autres. Lorsqu'on allait la voir en sa petite maison falote d'où jaillissaient des terrains vagues, des maisons et des villes, lorsqu'elle apparaissait à peine éveillée, les yeux gonflés de rêves, entre des chats, on croyait voir s'éveiller son âme, un peu lasse, on croyait qu'on avait du talent et qu'on n'était pas méchant. Le jeune homme ne s'attardait pas à ces subtilités. Il pressait la petite main et allait à la fenêtre. Les terrains qui, au-dessous, se culbutaient, les rues qui s'étageaient, se coupaient, se chevauchaient et s'égorgeaient, les villes qui se mêlaient, tout était sans sexe, sans âge, sans style, sans lien.

C'était partout. C'était tout. Mais c'était.

Ça existait et c'étaient des rues, des maisons, des terrains, de la tristesse. Demeures désolées, tertres désolés. On y cherchait des boulets, des cadavres et des trajectoires. Solitude si obsédante et si féconde qu'on songeait (quand on était le jeune homme), à la petite maison de la rue Chantereine; paysage si éprouvé que c'était la petite maison — elle fut — penchée sur Austerlitz, Iéna et Waterloo — avec le moins possible de Tolstoï autour. Et les ciels étaient si divers et si bas !

Le jeune homme regardait et béait un peu, l'œil tendu et épars, puis il se jetait à terre. On le laissait faire. A côté, c'était la petite femme qui se frisait les cheveux, qui bâillait, qui échangeait des plaisanteries avec des gens. C'était de la douceur, de la pitié, un frisson qui s'érigeait en robe longue. Et le jeune homme, les coudes aux yeux, le ventre au plancher, inerte, ardent, étudiait la mathématique.

IV

Des voix. Ce n'est pas la petite femme, ce ne sont pas les gens, ils parlent de choses rares et ennuyeuses. Ce sont les chats peut-être et ce sont les terrains, les maisons et les rues. Tout près, c'est le profond cimetière qui se replie et qui se déroule, les tombes qui s'étagent, qui se mêlent, et ces os et ces âmes qui s'agglomèrent, qui se pénètrent, qui se brisent et qui se fondent, une lave morte, une écume morte, une pourriture diverse, hurlante, tyrannique et chantante.

Ça bourdonne, ça dit qu'il faut vivre.

La place grise, après le pont et la statue de bronze et de pierre. C'est 1814 et Moncey, la suprême convulsion d'une ville libre, d'une ville de gloire contre les sombres masses étrangères. La Patrie donc — simplement. Et la Patrie en robe longue aussi, sans emphase.

Des voix, des voix, des voix encore. Une poussée vers le jeune homme couché de toutes les furies, de toutes les énergies, de toute la sagesse de la terre, la sensation de l'immensité et de la puissance. La chambre est pauvre et l'horizon est pauvre, les mots sont pauvres aussi, autour du jeune homme.

Et il voit que tout est pauvre — partout.

Lui aussi, d'ailleurs.

Mais il pèse la petite femme, la femme et l'univers, il pèse des canons et des échafauds, il pèse son infini, son sublime et sa fièvre.

Il imagine en cette rue des descentes d'artillerie et des égorgements de gens, des cris et des enthousiasmes.

Et il étudie la mathématique.

Jeune homme, ce jeune homme ne t'intéresse pas. Tu n'es pas comme ça et tu ne tiens
pas à être comme ça. Si, pour devenir Napoléon, il faut souffrir et s'apprendre à ne pas
souffrir, rationner son amour, sa jalousie et sa
sensualité, établir des records, être brutal, être
insensible, tu aimes mieux ne pas être Napoléon, être Saint-Preux, Des Grieux ou Frédéric
Moreau.

Tu aimes.

Aimes-tu vraiment? Tu sais seulement que,
lorsque pour faire comme tout le monde et
pour affirmer ton impatience, tu roucoules :

> « Qu'importent les tra — hisons
> Des lèvres que nous — baisons... »

tu te rappelles la brûlure de certaines lèvres.
Eh bien! Ces lèvres, tu peux dire combien elles

te coûtent d'écus et de larmes. Trois cents francs par mois, des agacements rue Tholozé, des fanfreluches rue Fontaine, une voiture à l'heure rue de la Faisanderie et un dîner tous les quatre jours rue Le Peletier, ça te permet les pires délices, de la tranquillité, de l'inquiétude, tout ce qu'il faut pour occuper la vie d'un jeune homme intelligent qui veut placer son cœur à intérêts composés.

Pourquoi donc t'embarrasser de subtilités?

L'imitation de Napoléon est une école de misère sentimentale. A-t-on besoin de chercher tant pour être malheureux?

Songeons un peu ensemble.

Ce qui nous déplaît le plus en nos amis, c'est leurs maîtresses. Ils nous en ont parlé, ils nous en ont fait parler : ce sont des déesses ou des monstres et un jour, à l'improviste, alors que nous devisons d'esthétique ou que, sans parler, nous rêvons, — nous voyons, après deux petits coups secs à la porte, apparaître une bonne femme qui est jeune — pas trop — qui a des cheveux bouffant sur le front, un chapeau ignoble, une bouche ignoble et des yeux de rat.

Ça vous est présenté, ça vous tend la main, ça vous sourit (ah ! les dents odieuses !) ça rit, ça se trémousse, ça embrasse votre ami, ça le prend, lui et son esthétique et ses rêves, à la gorge, au ventre, à la cuisse, au genou, et ça en fait quelque chose qui se vautre et qui ne parle plus. Et c'est cette lourdeur d'atmosphère qui évoque des maisons aux volets clos.

Cette bonne femme, c'est le bonheur ! c'est ça qui endort toute ambition, qui incarne toute volupté et toute rosserie, qui est Léda, Leuconoé, Aspasie et Manon !

Ne méprisons pas trop.

Un jour — pourquoi ? ah ! c'est besoin de se déconsidérer, c'est essai de tromper et ce n'est rien — nous étreindrons cette femme en fiacre, nous l'embrasserons entre deux portants et nous la trouverons exquise à notre tour (à l'ancienneté). Et n'avons-nous pas une maîtresse même, dans les mêmes prix, à offrir au monde ? C'est la nôtre et nous avons des raisons pour la trouver plus belle et plus horrible mais cependant...

Et c'est la sensualité de 1896 et ç'a été celle de l'autre année et des autres années...

Jeune homme, vaut-il pas mieux être malheureux et étudier la mathématique ?

Napoléon Bonaparte, c'est l'amant et l'amant malheureux que j'évoque en toi. Personne ne fut plus aimé et personne ne le fut moins. Des femmes vécurent et moururent pour toi qu'on retrouvera en des chansons de Béranger, en des images d'Épinal et en des asiles de folles. Elles se précipitaient, les seins tendus alors que tu passais, invisible parmi douze escortes, elles s'écrasaient pour se sentir plus proches de toi sans être aperçues de toi et sans espérer te contempler ; elles étaient là, toutes les femmes du monde, brûlant d'une même admiration et d'un même amour, elles venaient de l'Orient, de l'Occident, de partout et tu allais parmi elles, parmi leur haleine et leur volupté. Elles étaient là qui se pressaient, qui heurtaient, en la houle, leurs lèvres sèches à d'autres lèvres et qui se jalousaient l'une l'autre, à la pensée que toutes t'aimaient et qu'on pouvait peut-être t'aimer plus.

Ah ! qu'elles étaient belles et qu'elles étaient désirables ! Je les vois éparses et je les vois se touchant, confondues. Elles sont terribles et touchantes. C'est toute douceur et c'est tout encouragement : il y a en elles, il y a là de quoi exciter les passions les plus étranges des hommes et des dieux, de quoi emplir la terre de crimes, d'héroïsmes et de paix : il y a là des siècles d'amour et tant de fécondité ! Et tout ça, toute cette sensualité, toute cette sentimentalité, toute cette volupté, toute cette grossièreté, tout ce sublime grouille et se fige et se pétrifie ardemment pour toi, tous ces yeux pour toi et tous ces ventres pour toi, Napoléon ! Harem de gloire !

Tu passes sur ton cheval blanc.

Et tu ne regardes pas ces femmes.
Tu as tes femmes à toi.
Misérable troupeau ! Les femmes qui se pen-

chent vers toi sur la route, les femmes qui ha-
lètent vers toi, tu ne les prends pas, elles se
laissent prendre par des caporaux et par des
employés des droits réunis : elles sont heu-
reuses, sans y tâcher et ne songent plus à toi
qu'entre deux grossesses, avec angoisse.

Tu as tes femmes à toi. Tu as ta misère
à toi.

Où est-elle, Napoléon, ta femme à toi qui
t'aima bien, qui t'aima vraiment, qui t'aima ?
Est-ce la petite prostituée du Palais-Royal ?
Est-ce Désirée Clary ou mademoiselle Georges ?
Et Madame Walewska épousa le général comte
d'Ornano.

Ah ! quel délice, Napoléon, de n'avoir que
de brefs plaisirs avec ces quelques femmes
médiocrement aimantes, belles — pas trop —
(mentons trop lourds et nez trop courts (tandis
que toutes les femmes du monde, derrière la
porte, aiment et aiment en vain.

Et tu reste avec ton pauvre troupeau.

Et tu souffres.

Ah ! se pencher sur ces femmes, sur ces âmes,
profondément, et connaître par elles les
femmes et les hommes et les connaître à chaque déception plus âprement et plus et les connaître si bien qu'on ne les connaît plus et qu'on

les méprise et qu'on les considère comme rien et qu'on considère les choses les plus folles comme très simples, qu'on n'a plus la notion du réel et de l'irréel, de l'impossible et du possible, qu'on ose tout — parce que au lieu de s'abandonner, on a étudié la mathématique !

Par la mathématique, par des équations, arriver à oser tout, arriver à l'infini !

Et si tu trouves qu'il vaut mieux s'arrêter auprès d'une femme et épuiser languissamment sa sensualité, jeune homme, c'est ton affaire — et pourquoi, au fond, le Destin et le Destin des Empires ne viendrait-il pas te chercher entre les bras d'une fille ?

Mais Napoléon ne se refuse rien — et les femmes se refusent peu à lui : coquetteries qui ne durent pas, pudeurs qui se lassent. Un empereur trouve toujours plus de cruelles qu'un surintendant et, pour comble d'infortune, ses marquises de Sévigné se nomment Mme de Staël-Holstein mais sa couche n'est pas solitaire et il a sans cesse des amantes et des esclaves. Il faut, n'est-ce pas ? que je raffine et que j'en aie envie pour trouver que Napoléon fut chaste et fut malheureux — pour l'avoir voulu et pour en avoir eu besoin.

Soyons tout à fait ridicules. L'amour chez

un empereur, chez un aventurier doit être une éducation du mépris et de la froideur.

La femme qui se pâme, chair vile. Baisers bêtes. Il faut dominer tout comme on domine cette chair pantelante. Il faut se moquer de tout comme on se moque de cette bête.

Et c'est en même temps un placement de cette tendresse, de cette affection inquiète — qui embarrassent.

On sera tranquille, ensuite, pour toute aventure et pour l'aventure.

Et même, et surtout si l'on a été amoureux et si, après avoir été aimé, on a été trahi sans s'y être attardé, ça aide à la calme amertume qu'il faut dans la bouche et dans l'âme.

VI

Je méprise les hommes et je ne les méprise
pas assez. Je me suis repêché ces temps-ci dans
un tas de petites intrigues auxquelles je con-
descendais pour me prouver qu'il fallait décidément mépriser celui-ci et celui-là. Je voulais
des convictions et des spectacles. Je les eus :
n'était-il pas plus simple, n'est-il pas plus simple de mépriser d'avance ? Pas d'exception, pas
d'hésitation. Ne peut-on pas, ensuite, aimer en
méprisant ?

L'important est de savoir que l'humanité,
toute l'humanité est une plaine immense et
basse qu'on est seul à surplomber (si je puis ainsi
dire) et à dominer.

J'ai été vraiment naïf de chercher ces temps-ci un ami et un frère.

J'en ai essayé plusieurs. Ils m'ont charmé tout d'abord : le premier était beau, le second était spirituel, un autre avait la manie du dévouement et je croyais avoir connu l'autre depuis toujours : sa voix me rappelait d'autres voix et la même voix que je n'avais peut-être jamais entendue ; des confidences me montèrent aux lèvres, une tendresse me vint au cœur et je me fis sans effort doux et enjoué comme un enfant.

Je m'aperçus le jour suivant que le premier était bête, que le second ne parlait qu'en « mots », que le troisième était vraiment trop dévoué et que l'autre, je le connaissais tellement que je le connaissais trop et que je l'avais trop vu.

Ça me fit de la peine — et ça me fit plaisir. Qu'aurais-je fait d'un ami et d'un frère ? Il faut avoir un trône ou un exil à offrir à chacun de ses frères : à cette époque-là ça n'est pas embarrassant, mais quand on n'a à partager avec eux que des désirs et des ambitions... Et eux, qu'en feraient-ils ?

Ah ! n'avoir que des serviteurs — et des serviteurs qu'on ne paie point !

Un ami!

Montaigne, je ne veux point t'attrister : je te dois trop. Oui, malgré tout, je cherche un ami et j'en ai un tous les jours et toujours mais il n'est pas toujours le même : disons mieux : le seul moyen d'avoir TOUJOURS le MÊME ami, c'est d'en avoir un et *un autre* tous les jours, c'est d'en changer tous les jours. Pourquoi et pour qui me faut-il un ami?

Pour moi.

Réceptacle à secrets, machine à conseils (qu'on ne suit pas), mouvements de tête à voir vaguement, bruit indistinct et affection confuse autour de soi.

Un ami, c'est de l'ouate à interposer entre le monde et soi.

Ça ne peut durer qu'un jour. Le lendemain, ça devient un être qui s'impose, qui agit, qui vous influence : c'est odieux. Et d'ailleurs — ne paraissons pas trop égoïstes — nous agissons aussi sur lui et nous l'influençons. C'est quelqu'un, Monsieur un Tel qui a les cheveux et l'âme de telle nuance, qui préfère le vermout sec à l'amer-citron, que sais-je? Ce n'est plus cette chose inconsistante, irréelle, chuchotante, souriante et émue : un ami. Et c'est cette chose qui nous est nécessaire, toujours la même et toujours fuyante — et quotidienne. Sont-ce des secrets bien variés que nous avons à lui transmettre? Un ami, c'est une heure, ou une demi-heure, ou cinq minutes d'abandon et de confiance et de détente, un instant d'humilité, d'élan et de pitié, c'est un confesseur qui n'a pas d'indulgences à imposer et de pénitences à vendre, et c'est un complice innocent : nous découvrons ça sur le boulevard.

Un ami ! Soyons tranquilles ! Nous aurons, en temps utile, parmi nos camarades de classe, un Bourrienne prêt à prévariquer et à trahir : nous avons parmi nos anciens professeurs notre Pichegru, traître aussi et conspirateur.

Ah! Napoléon ! combien le boulet est providentiel qui tua Duroc! Et comment songer à Alexandre Berthier?

Un ami se croit des droits sur vous : le malheur est qu'on se crée des droits sur lui, des droits particuliers : il faut nous croire des droits sur tous les hommes et les mêmes droits, aussi intenses, aussi fous, aussi placides, aussi méprisants.

Et mépriser, c'est bien : être méprisé est mieux. D'ailleurs je ne puis pas être méprisé. On me tiendra, on me tient pour un étrange monsieur. On me prétend peu affectueux, peu dévoué, que sais-je? On se défie. Et je n'ai pourtant qu'à vouloir bien pour hisser jusqu'à moi quelqu'un, de ces gens, qui tout un soir croira qu'il est mon ami, et que je lui prêterai mon âme pendant des années.

Et je laisse, la confidence faite, ce quelqu'un retomber parmi la masse.

Cette masse qui ne m'aime pas — de savoir que je ne l'aime pas — cette masse qui renifle et qui murmure, il me faut l'asservir — sans lyrisme.

Ah ! elle m'aimera, après, et des dévouements en jailliront et des cantates et des amis uniques — par milliers.

Peu importe.

L'homme que je préfère parmi tes officiers, Napoléon, c'est le colonel Michel Ordener qui, avec des dragons et un ordre, alla réveiller, par delà le Rhin et le droit des gens, le duc d'Enghien, dormeur d'Ettenheim. J'imagine tous ces cavaliers galopant sur la route, l'âme trouble et résolue. Tu as commandé : ils obéissent, ils empoignent le duc, ils le fourrent en une voiture et ils s'en retournent : ils accomplissent l'acte le plus inqualifiable et le plus qualifié : violation de frontière, arrestation arbitraire, séquestration, complicité d'assassinat. Ils vont. Et pourquoi? Parce que tu es chef, parce que tu as le pouvoir, Napoléon.

Crois-tu que, malgré les haines et l'hostilité qui m'escortent, je ne pourrai pas trouver ces Ordener et ces dragons?

Le tout est d'être chef.

J'ai étudié la mathématique. Je sais les âmes des hommes. Elles ne sont pas sublimes. Ma supériorité sur les hommes est de croi re que je marche, des bottes aux jambes, en des flaques d'eau. Je me sens prêt à tout : rien ne me fait peur, rien ne m'étonne. Et j'ai des amies et des amis. Je n'ai pas le cœur sec et je n'ai pas le cœur trop plein, débordant.

J'ai su faire de jolis placements de ma sensualité, de ma sensibilité, de mes attendrissements et de ma tendresse bouillonnante.

J'ai un peu d'infini à moi.

I

Et est-ce que Napoléon me suffit?

Vraiment, en mon voyage dans l'infini, en mon flirt avec l'infini, ce gros homme me gêne — et ses bottes.

Lorsque Virgile eut amené Dante aux portes du ciel, il le lâcha (toutes proportions gardées), et le laissa s'attarder et épuiser son sublime autour de Béatrice.

Et il y a d'autres exemples de guides, d'intercesseurs discrets, intelligents et sérieux.

J'aurai voulu l'imiter, Napoléon. Je t'ai cru une fin : tu auras été un moyen : c'est phantasme qu'on trouve à toutes les pages des manuels de

M. Ribot ou de M. Rabier. Maintenant je vais plus haut, — où? plus haut. Je sais. Je me sens immense, je m'envole, etc., etc.

Napoléon, je t'ai pris pour maître, qu'est-ce que ça prouve?

Que je suis peuple.

Voilà deux cent huit ans environ que je le savais par M. de La Bruyère.

Je suis peuple.

La tête dans les mains, j'avais cherché quelqu'un à admirer et à suivre : c'est un accessoire nécessaire, un objet de luxe et d'utilité. Pour s'affirmer à soi-même qu'on est bien *soi*, qu'on est libre, qu'on n'est plus au lycée, il faut se trouver un maître répétiteur dans le passé, à l'étranger ou dans un air d'opéra. Des amis à moi avaient des maîtres, trois, sept ou quatre-vingt-dix-neuf et à eux quatre, à eux huit ou à eux cent, ça ne faisait pas un homme. Et à voir autour de moi les barbes sales et la superbe usée des hommes de trente ans, les yeux misérables des hommes de cinquante ans, je fis effort pour haïr leurs conseillers, leurs idoles : ça s'appelait Néant, ça s'appelait George Bryan Brummell — c'était Ignace de Loyola.

Brummell, je n'eus pas la force de te haïr.

J'eus beau songer aux escrocs qui vénèrent ton
sourire et aux philosophes mélancoliques qui
scrutent les escroqueries, j'eus beau me répéter
que j'étais peuple et que ton culte était un titre
de noblesse, que, promener ton nom comme
un œillet blanc à ses lèvres, c'est s'octroyer
sereinement une âme d'élite et, — en outre —,
même parmi des trous, les élégances les plus
strictes et les plus rares, j'eus beau ne pas posséder la première édition du *Dandysme* de Bar-
bey, tu me fus cher pour avoir charmé et tyran-
nisé l'Angleterre, le siècle et le monde. Oh! je
n'eus jamais de respect pour toi!

C'est lorsque mes vêtements étaient le plus
informes, cassés, blanchis et lachés, lorsque
mon corps zigzaguait le plus étrangement et
que mes chaussettes me semblaient le plus
lourdes que je te sentais le plus fraternel.

Ce que j'aimais en toi, c'était le petit cor-
nette de cavalerie qui donne le ton, qui sème
des modes et des insolences, qui invente des
boucles de souliers —, sans inventer d'éperons
— et qui, nonchalamment, de son indolence,
de sa futilité, tient sous lui le prince de Galles
et le Royaume-Uni.

Ah! George, tu savais que tu n'étais pas
beau. Alors pourquoi ce décor? Pourquoi ces

gants qui occupaient trois ouvriers pour les doigts et un pour le pouce? Pourquoi ce papier de verre qui, prestigieux, donne une mate sérénité à tes vêtements neufs? pourquoi ces soins, ce code, ces lois?

Pour faire peser ton joug sur les hommes, pour les courber sous ta nullité, pour être prince et roi, sans naissance, sans dispositions spéciales, sans fatigue.

Je t'imagine, par une nuit sans bonne fortune, seul, libre, des fêtes terminées, des femmes renvoyées. Je t'imagine, hideusement nu, tes vêtements serrés quelque part, parce qu'il faut qu'ils resservent le lendemain, ton linge froissé hargneusement, parce que ça se lave. Tes cheveux ne sont plus calamistrés avec langueur : ils sont épars, violents et (Dieu ait pitié de mon âme!) révolutionnaires. Et tu tords ton corps trop propre : tu cherches de la boue (mais où en trouveras-tu chez toi?) pour t'y tremper, tu cherches vainement de la poussière et tu ris, tu ris simplement, franchement d'un rire vulgaire, d'un gros rire, tu ris comme ne rirait pas ton valet de chambre, comme ne rirait pas ton palefrenier.

Tu te moques des gens qui vivent d'après toi,

sur toi — et ça leur coûte cher, les restes —, qui s'habillent chez ton tailleur et qui pleurent chez le portier de ta maîtresse. Tu ris des ridicules que tu leur imposas, de tes mystifications subies par eux comme la communion, de tes mots collectionnés comme des cravates, de tes cravates copiées de trop loin ou de trop près, si imitées, inimitables et insignifiantes — et tu les vois rêvant de toi et de tes gestes et de tes gilets.

Tu es nu, tu es libre, tu es sans élégance et sans distinction.

Pas de bruit dehors : tout se fait humble sous tes fenêtres, et les voitures ne crient point — parce que ça ne se fait pas. Et les ivrognes soudain deviennent sérieux et se guindent : ils te sentent là. Tout est toi, plus qu'à Napoléon, plus qu'à Byron.

Et tu jouis de te voir insipide, spirituel, mais pas plus qu'un autre, pas plus insolent qu'un cocher et pas plus vicieux que le prince de Galles. Mais ça ne peut pas durer. C'est la suprême injure au prince de Galles, ce sont des portes qui se ferment, c'est la France inhospitalière. Tu ne te lamentas pas : tu étais las, tu étais triste de ne pas varier ta tyrannie et tu savais manquer d'imagination. Ah! se réfugier dans la médiocrité et dans l'obscurité et être le spectre vivant qui agite, qui bouleverse et qui ordonne tant de cabinets de toilettes, de boudoirs, de chambres à coucher et de conseils privés! Mourir à l'hôpital cependant que tant d'hommes et tant de femmes ne vivent que par toi et caressent encore la chimère de mourir pour toi!

Mais c'est une tyrannie qui exige un tel loisir et une telle bonne volonté : je n'aurais pas pu et il faut commencer bien jeune! A l'âge où tu créas une boucle de soulier, j'étais penché sur des livres et les cordons de mes bottines se lâchaient. J'avais tort.

Et c'est l'âge où Inigo de Loyola essayait, enfant, la cuirasse d'Antoine Manrique.

Ah ! Ignace, Ignace, il me faut faire pénitence. J'avais un tel désir de te détester, pour les belles pages et les pages moins belles que tu avais permises, pour la main-mise sur l'âme, la sécheresse et l'ambitieuse ardeur de quelques-uns, pour ton âpre auréole et pour l'ennui des *Provinciales* — en outre —, que je lus pêle-mêle des chansons de Béranger, des romans sur les Jésuites, le *Juif-Errant* peut-être, les *Provinciales* même — et des éloges de toi, en latin, par des séculiers divers. Je voulais trouver en toi le militaire repentant et le petit homme de plaisir qui s'épeure et qui s'humilie : je te voulais trappiste.

Eh bien ! tu m'apparus superbe et tu m'emplis,

malgré moi, d'un enthousiasme déjà connu par d'autres, et je vis que, parmi des redites et des plagiats, il me fallait te célébrer encore et me permettre un couplet sur toi.

Jeune homme qui te précipitas à travers le monde, les os de la jambe mal rejoints, qui, boitillant et boitant très fort, raidi, en une crampe, en une défaillance, t'élanças, de ton château de convalescent, de ta chambre d'infirme à la conquête de la terre, tu t'agenouilles sur ton genou brisé et scié, tu tires pour mieux adorer Dieu la cuisse trop courte, la cuisse rebelle qui te sanctifia.

Tu es sur la route, sur une route d'Espagne ou de France et tu mendies; tu vas parmi les villes, semant le nom de Dieu en les âmes et cueillant un peu de science ici et là, ne t'attardant pas parmi des suspicions, des détentions et des menaces. Tu n'es pas le bon François d'Assise qui chante Dieu comme un berger chanterait sa belle ou ses moutons; tu es l'homme de guerre qui a déposé sa cuirasse de blessé et ses armes de vaincu pour pouvoir combattre plus à l'aise, qui, boiteux, marchera plus lourdement et qui s'humilie, qui se fait petit, qui se fait pauvre pour être plus âpre, plus férocement pur, plus avide, plus insatiable.

Tu pries et tu demandes à Dieu de te pardonner si tu le fais pécher.

« Ah ! Seigneur, si vous vous penchez, si vous vous jetez vers l'abîme d'ambition qu'est mon âme, ne vous effrayez pas, Seigneur. Si vous voyez tout ce que je veux pour vous, tout ce que j'obtiendrai pour vous, ne prononcez pas « *l'Indignus* » que vos serviteurs marmonnent, en guise d'onomatopée ou de juron inoffensif. Mon Dieu, je vous sacre Espagnol et soldat. Vous ne me foudroierez pas parce que je ne me laisserais pas faire et parce qu'il me faut le temps de vous donner le monde, ce siècle et les autres. Je suis seul : j'ai fui ma famille ; j'ai fui ma fortune. Je n'ai même pas emporté avec moi le livre qui me révéla la Vierge et ceux qui me firent songer à vous, Seigneur. Je ne me rappelle plus que confusément les prodiges qui m'assaillirent sans me troubler. Je vais et c'est toi qui m'accompagnes, Seigneur, c'est toi que je traîne avec moi, en boitant, dans les villes, dans la campagne. Je suis seul. J'aurai tout à l'heure des compagnons. Lorsque je m'assieds, homme mûr, au milieu des enfants pour savoir lire un peu plus, les maîtres s'inquiètent, s'interrogent et il y en aura qui viendront à moi et qui iront derrière moi. Ils ne te porteront pas en eux, mais, à marcher les yeux fixés sur mes pieds, ils auront un reflet de toi... Et je tiendrai la terre et je te la donnerai comme tu ne la veux pas, toute, toute, en propriété brutale et présque bestiale : tu posséderas les corps, les mains, les maisons et les arbres, et on aura peur de toi, comme d'un maître puissant et sournois. Et c'est moi qui te donnerai tout et ça me restera cependant et l'on me verra derrière toi, à côté de toi, au-dessus de toi. Tu es mon Dieu, mon Dieu à moi, et c'est parce que tu es mon Dieu à moi, parce que tu m'appartiens, que tout t'appartiendra et que tout sera à toi..... Et donnez-nous aujourd'hui notre pain quotidien, Seigneur, et pardonnez-nous nos offenses. »

Le pauvre homme qui va son chemin de misère! Le pauvre homme las, aux jambes inégales qui parcourt toute la terre et qui conquiert doucement, en passant, toutes les villes, tous les champs où il passe. Ah! la force calme de cette âme!...

Mais pourquoi errer, avec des truismes laborieux, autour de cette âme? Calme, ardente, avide, candide, je la sens en moi. Elle est là qui s'agite, vaine, qui murmure, qui ne veut pas

dormir et qui dort. Là? où? Qu'on ne me
demande pas où je la sens, qu'on ne me demande
pas où je situe l'âme, à quels signes je sens que
c'est l'âme de Loyola, qu'on ne me dise pas que
c'est une bonne plaisanterie et une plaisanterie.
Je sens en moi ton âme, Loyola; je sens en moi
ton âme, Brummel, et je sens en moi bien
d'autres âmes, celle de Benvenuto Cellini, celle
de Byron, celle d'Alcibiade, celle de Pascal, et je
ne me sens qu'une âme, une âme d'aventurier
— la mienne.

Est-ce ton âme aussi, Napoléon? Ces aventuriers, ceux qui vécurent avant toi, ceux qui
moururent après, ces gens-là, c'est toi, ça se
résume, ça se complète, ça se magnifie et s'en-
flamme en toi. Ce Loyola qui prend la terre et
qui la donne à un Dieu qu'il a créé, en une fièvre
et en un épanchement de synovie, ce Loyola
qui remet ce monde, avec la manière de s'en
servir et de le tenir asservi, à ceux présents et
à naître qui sont ses fils en Jésus, en *son* Jésus,
ce Loyola, conquérant boiteux, général qui a
jeté sa dague dérisoire, orgueilleux qui a assis
son orgueil parmi des enfants ignorants, qui
a tendu sa main de gentilhomme vers des
aumônes de pauvres, homme d'entêtement, qui

s'est fait de la volonté, qui s'est fait volonté et qui a fait tout obéir à sa volonté, la fortune et Dieu et lui-même, ce Loyola, Napoléon, c'est toi — en mieux.

En mieux, hélas!

Et c'est tant pis pour lui.

Il n'est plus qu'un désir de puissance, qu'une chose qui va vers la puissance, qu'un instrument de séduction et de conquête. Rien ne lui résiste ou ne lui résiste longtemps. L'Inquisition se relâche; les maîtres d'école qui l'ont un moment tenu en suspicion font amende honorable. Lainez ne se console pas d'avoir — un instant — été en désaccord avec lui sur un point de détail et le Pape accorde tout, François Xavier lui écrit à genoux; c'est un saint, c'est un Dieu, c'est un prodige — ce n'est plus un homme.

Bonaparte a, parmi sa fortune, des défaillances et de l'humanité. Son gilet est taché de tabac : Ignace a un tel respect, une telle coquetterie pour le Dieu, pour la volonté qu'il a en lui — qu'il ne veut pas boiter.

Et où trouver l'humilité, la soif de souffrance, le goût de martyre qu'Ignace emporta avec lui de son château d'Espagne? Commençons par le commencement : où trouver la balle qui nous brisera la jambe? Il ne faut pas le faire exprès : ça ne compterait pas.

Alors?

Alors, nous ne pouvons pas être Loyola. Je sens ton âme en moi, Loyola, et je me sens gonflé et emporté dans les airs par toutes les humilités et par ton humilité. Cette humilité exaspérée, folle, éperdue, féconde qui s'abaissa jusqu'aux mendiants, jusqu'aux enfants, qui, d'aumônes en refus, de leçons en soupçons, te jeta sur un trône de pantarque, jeta ton ombre immense et ta main immense sur la terre, ton humilité voluptueuse et austère, ton besoin de n'être rien, d'être foulé aux pieds, de mordre la poussière des chemins et de mordre en elle les péchés du monde et la semence de Dieu, ton humilité, elle est là, Ignace, qui me serre le cœur et qui me prosterne, en un rut. Ton repentir est mon repentir et je ne veux être qu'un soldat de Dieu et mon ambition déborde toute ambition humaine, toute ambition, mais ça ne durera pas. Ah! Napoléon ne me suffit pas, Napoléon n'est qu'une étape — vers toi, mais... mais...

Il y a d'autres jeunes hommes qui, après avoir lu ta vie et après avoir songé à toi, longuement, le livre clos et leur prière terminée, virent que ta vie était la seule vie et qu'ils ne voulaient vivre que pour vivre comme toi. Ils quittèrent leurs parents, leurs amis, n'eurent pas un regret pour leur chimère de la veille, s'enfermèrent en des séminaires et te cherchèrent dans saint Thomas d'Aquin.

Ça ne leur réussit pas : ils apprirent du latin d'église, eurent quelques notions de chant, devinrent d'obscurs Jésuites ou d'obscurs cardinaux et à force de te révérer, t'oublièrent.

Comment ton souvenir aurait-il pu les éclairer, les vivifier, les susciter ou les ressusciter parmi leurs cures, leurs soucis de charités locales ou leurs travaux d'érudition?

Ils furent heureux.

Tant pis pour eux.

Tu créas un ordre et, de tes enfants, aucun ne te ressembla.

Mais pourquoi n'avaient-ils pas eu la jambe cassée, par hasard, en un combat? Et n'aurait-il pas fallu — en outre — que leur jambe fût mal remise, qu'un os fît saillie au-dessous du genou?

. Tu existas, Ignace, tu existes, tu es toujours présent afin de nous permettre des extases et des enthousiasmes et afin que nous te revenions, pour te quitter, tant nous sommes effrayés de ta grandeur, de ton éternité et de ton irréalité.

Je te fuis, je me réfugie en Napoléon.

Mais est-ce que Napoléon me suffit?

Certes, il est d'abord plus facile et se prête mieux. Il a tous ses membres et tous ses os et point n'est besoin, avec lui, comme initiation préalable, d'avoir la jambe brisée ou d'avoir cette infirmité qu'on nomme l'élégance.

J'ai connu un monsieur qui se promena en voiture pendant dix ans autour et sur le pont de Neuilly : il se sentait l'âme de Pascal ; il ne lui manquait que « l'accident » et il le cherchait. Il le chercha. Il choisit les heures de nuit où les voitures sont le plus fatales, il trouva les plus sinistres maraudeurs, il conduisit lui-même, en état d'ébriété, si j'ose ainsi dire, écrasa des chiens et des bicyclistes, mais ne versa jamais. Et son âme resta en lui et il fut réduit, comme un autre, à échafauder des romans et à écrire des comédies.

Tu es homme, Napoléon : on peut te suivre, tu as des défaillances et de l'appétit, des impatiences sentimentales, tout de même — et la gale. Ah ! tu es tout près de nous ! Mais je ne sais ce qui te manque : me suffis-tu ?

Voici : je t'aime, je te comprends, je te tiens et tu me tiens si bien que tu es mon maître, mon maître, intimement, familièrement, bassement. mon maître d'écriture, de digestion et de faim.

On se croit, on est toujours supérieur à son maître. On est gêné par un tic, par un pli de vêtement. Et l'on en veut à son professeur d'avoir dormi à l'une de ses classes.

II

Où accrocher son ambition ? Que désirer ? Rien n'est aussi pauvre qu'un désir et nos désirs sont si faciles à satisfaire ! Des gens s'adossent au présent, ferment les yeux et longuement considèrent leur passé.

Ils trouvent ça très beau.

Ils plongent, ils remuent des souvenirs et découvrent partout de la chance, des signes de prédestination, des bonheurs et du bonheur. Ça tient chaud et ça endort. Les gens sont contents : ils ont eu tout ce qu'ils voulaient. Rêves effeuillés, rêves abandonnés au bord d'un précipice ou dans un omnibus, petites émotions et gros émois, regrets, colères, prostrations, et vous, larmes d'impuissance, et vous, cupidités, fleurs d'envie, élans vers tout, on ne pense plus à vous, vous n'êtes plus, vous n'avez jamais été.

Et le passé devient une belle chose nette, une mer de joie et de satisfaction. Ah ! ne jamais être satisfait, ne jamais se tourner vers le passé, tendre et se tendre toujours vers l'avenir ! Être heureux ? On l'est en son effort, on jouit en marchant et en agissant et c'est la manière la plus violente, la plus brève, la plus éternelle de jouir. Vouloir toujours plus, aller — jusqu'au moment où la chose arrive qui bouche le chemin et qui nous tourne en arrière, de force, et qui nous jette à la figure notre passé et ses voluptés !

La chose, c'est Waterloo ou un gendarme.

Mais il faut désirer tant — qu'on ne désire rien, qu'on veut tout, qu'on est tout, qu'on déborde tort, qu'on envie quelque chose, qu'on s'inquiète, qu'on saigne.

J'avais vu un nom à mettre autour et au bout de mes désirs : Napoléon. C'était l'impossible. Tant de batailles, tant de prodiges ! Il y avait du rêve et de l'inquiétude pour plusieurs existences humaines.

Eh bien ! il me semble de bonne foi, que j'ai fait le tour.

J'ai bu de ton vin de victoire, j'ai mangé de ton pain de prisonnier et j'ai encore faim et j'ai encore soif. Je crois qu'il y a autre chose.

Oui, mais quoi ?

Donc je liquide Napoléon. Que me reste-t-il ?

III

Il me reste à rentrer chez moi. Puisqu'aussi bien je ne me contente plus des Tuileries et des flammes du Kremlin...

C'est loin. Il fait noir. Il bruine. J'ai connu des retours plus triomphants.

Et la vulgarité du paysage m'oppresse. Torpeur et chanson.

Napoléon ne me suffit pas. Est-ce vraiment si ridicule ? Mais moi, est-ce que je lui suffis ? Serait-il content de savoir que je danse de petites danses autour de son nom et que je me permets, à son propos, de petits lyrismes, de petites plaisanteries et des familiarités avec lui ? Ça lui ferait-il plaisir ? Un vague Hugo, en veine d'inspiration, n'affirmerait-il pas en vers que l'*Expiation*, ce n'est pas Waterloo, ce n'est pas le 2 Décembre, ce n'est pas Sedan, c'est moi.

Mais combien d'imbéciles et de misérables le chantèrent, critiquèrent tes plans et vécurent sur toi ?

De plus, tu es mort et je vis et j'ai à vivre.

On prend la vie où on la trouve.

Je t'ai trouvé, Napoléon, qui étais mort. Ce n'était pas dans le tombeau des Invalides et ce n'était pas à l'Étoile. Place Vendôme, à Sainte-Hélène, ou dans l'ennui des Tuileries, des gens te virent qui te dirent : et moi je t'ai trouvé partout, cadavre épars. Et je t'ai pris partout. J'en avais le droit : tu me servais et tu étais là pour m'offrir une extase et une sensation. Ça a duré. Et tu n'existes maintenant, quand je songe à toi, qu'en fonction de moi.

Le reste, c'est de la poésie. Que je sois content de toi, c'est bien. Que tu sois content de moi, c'est l'affaire de l'occultisme et des tables tournantes — et c'est une autre paire d'éperons.

Ah ! j'ai tort de m'attrister, de m'angoisser, de douter. En somme, je fais ici un livre de métaphysique et tout traité de métaphysique est un drame.

Après?

Après, je m'attriste tout de même et je doute,
Et je trouve que je me suis étrangement avancé
en affirmant que tout Napoléon est en moi et
que je l'emporte chez moi : ça ne pèse pas lourd
et il en demeure un peu, en effigie, sur des
pièces d'or et d'argent — que je n'ai pas. Et je
suis si malheureux et si seul ! Il pleut. C'est
une nuit où il ferait bon galoper à travers la
ville. Ténèbres et sommeils qu'il faudrait traverser du tranquille effort d'un cheval. Le ciel
hostile et sournois, le ciel qui serait vaincu
demain laisserait tomber sa pluie lente, comme
pour exciter sourdement le cheval et l'on sen-
tirait qu'on a la ville à soi, qu'on a tous les
corps et toutes les maisons. Nuit de charge,
nuit où l'on cherche une embuscade, où l'on va
parmi des routes bordées d'ennemis silencieux.
C'est une nuit où il ferait bon parcourir la forêt
de Macbeth — à cheval.

Mais je n'ai pas de cheval et je n'en veux
point. Et la pluie qui tombe m'excite, mais
m'excite mal : et ça me pénètre et ça m'aveugle
et ça m'entre dans les yeux et dans la tête.

Personne par les rues — et les rues vides ne
semblent pas m'appartenir. Jamais je ne me

suis vu si peu empereur. Je ne crois même pas que je suis, que c'est l'exil et ses hontes et ses émotions : non, je sais très bien que je vais chez moi, vers un *chez moi* très humble, très humble où j'aurai peine à dormir et où je dormirai pourtant — sans rêver. Les boulevards s'allongent sans magie avec des lumières ternes.

Et la Colonne Vendôme est loin.

Ah ! tu m'apparaîtras nulle part, Napoléon : tu ne ne t'élanceras pas sur moi à un carrefour et tu ne viendras pas doucement pleurer sur moi, avec de la pluie. Je suis seul et je suis malheureux. Ah ! reviens, chimère, reviens, mon guide et mon frère et que mon univers revive — et mon infini.

De la pluie, de la pluie.

Des ombres qui se hâtent, le dos arrondi. Voici une vieille femme qui se traîne, hâve et sordide. Elle me fait penser à ma mère. Elle aurait pu être comme ça. Et Lætitia aussi, Madame Mère aurait pu être comme ça. Ah ! je ne sais plus où je vais et ce que je veux. De la pluie, de la pluie. Est-ce que Napoléon me suffit ? Est-ce que je me suffis ?... Ah ! je ne me suffis pas à moi-même. Et rien ne me suffit, et je suis pauvre et je suis veule et je ne puis rien...

Il pleut...

Ah ! Napoléon, tu ne reviens pas auprès de moi, tu me fuis, tu me boudes... mais je te retrouverai chez moi et tu ne peux me quitter maintenant.

Tu es à moi.

Et je ne te commente pas, je ne cherche pas d'enseignements ou de concordances en des actes et en toi ; non, je te promène, je t'ai.

Ah ! Napoléon, Napoléon ! Des gens sortent des arbres mouillés. Ils ont de mauvaises figures. Je n'ai pas jusqu'à ma maison l'escorte habituelle des filles publiques qui s'offrent pour être dédaignées, pour me permettre quelque tristesse et un peu d'horreur. J'ai des dangers qui glissent autour de moi, de petits dangers bêtes et sales. Il y a peut-être un être qui s'élancera d'un coin mouillé et qui m'étranglera, me dépouillera ou qui se moquera de moi — simplement. Éventualité fâcheuse. Combien ça m'empêche d'imaginer que je domine le monde !

Je suis un pauvre homme.

Mais tu n'es pas avec moi, ce soir, Napoléon.

Je voudrais méditer une phrase de la *Tentation de saint Antoine*.

« Une fois de plus, je me suis trompé ! Pourquoi ces choses ? Elles viennent des soulèvements de la chair. Ah ! misérable ! »

Est-il besoin de la méditer ? C'est une phrase que je répète, refrain de pluie. Et n'est-ce point un décor où évoquer l'ermite de Flaubert ?

Les arbres se raidissent contre le vent, se dressent avec une fierté méchante. Ils haïssent les gens qui passent sous eux. Leur tristesse coutumière, leur tristesse éternelle que ne peuvent bercer les efforts des musiques militaires, que ne peuvent adoucir les sourires des enfants, s'est voilée, s'est guindée d'un orgueil, d'un dédain. Ils ne se rallient pas comme les arbres des boulevards, des Champs-Elysées et du Luxembourg, vite devenus arbres de la Liberté — arbres discrets d'une liberté discrète. Prêtres de la mort, ils supportent dignement leur quasi-immortalité et conservent, sans faiblir, la majestueuse horreur du Passé. Pas une lune pour glisser à travers de frêles suaires, pour mirer sa pâleur dans les lacs endormis : pas d'étoiles qui crépitent et le ciel n'étend pas sur moi sa paix puissante.

Parmi le rythme de la pluie, je parcours les Tuileries : ce sont des flaques et leur mollesse ; on vit un peu ici, on peut croire qu'on va en des terres de combat ; des flaques et encore des flaques et des cailloux noyés, des bancs de pierre qui se creusent, des statues diluviennes. Partout des épaves.

Et moi.

Les arbres me haïssent. J'avais de la tendresse pour eux et pour ces épaves, je semblais vouloir les ressusciter et voilà que je me trouble, que je me crois indigne, que je manque de courage.

Mais la phrase de saint Antoine m'obsède. Mon rêve est-il si différent de son rêve ?

Il se voit empereur. Et moi? Pourquoi ces choses?

Un long soupir.

I

Les arbres résistent plus mollement à la caresse du vent; celle tristesse sous eux réveille leur tristesse, mais ils se méfient.

Je suis lâche. Où il faudrait des plans, j'ai des larmes.

Et tout pleure — en grondant — dans le jardin. Les arbres se courbent et s'échevèlent; furtifs et sobres sanglots, statues affectueuses — et mon âme trouble.

Je suis au bout du jardin. Des grilles et la place de la Concorde. Des bruits qui sont des fontaines et, au milieu, l'élan — éternellement avorté — et résigné — d'une pierre vers le ciel. La sveltesse sévère du monolithe, son impassibilité et son mépris, c'est un couplet pour ma torpeur.

Ah! être une pierre — sans tatouages — une pierre d'oubli et de silence qu'on ne regarde guère, qu'on ne salue pas et qui ne salue point! Mais l'humanité du bon obélisque est trop grande : à quoi bon être une pierre, si ce n'est pour être tranquille? Être creusé de caractères synthétiques comme le *Journal officiel*, être — après des siècles — cahoté sur mer comme le spleen d'un forçat, être exposé, bijou encombrant, aux réflexions du ministre de la marine, autant vaut être homme — ou presque.

Et les arbres s'embêtent — en sourdine.

L'ombre des siècles lointains s'allonge sur le monde. Le Passé se dégage de son linceul de rouille, ressaisit ce jardin et l'âme qui s'y navre. C'est une tyrannie à qui les Temps ont fait perdre sa férocité — manteau de pourpre éteinte aux ors éteints — qui s'abat sur ces arbres et sur moi. Le Passé s'est emparé de la ville : de lourdes ferrailles masquent chez les photographes l'Actualité en uniforme ou en *tutu* de danseuse et les rues, délivrées des conversations de la journée, s'emplissent d'un deuil et d'une noblesse où les splendeurs mortes viennent passer et sourire, où les héroïsmes renaissent, où demeure l'écho de paroles jadis entendues, le frisson de les avoir comprises.

C'est qu'il pleut.

Et ça me rajeunit de cent trente ans.

La place de la Concorde, c'est la Place

Louis XV, et il y a dedans la statue de Louis XV.

Mon Dieu, je pourrais regretter de n'avoir pu vivre, bourgeois, sous ce pouvoir désintéressé, de n'avoir pu étirer alors une existence de calme, d'obscurité et de modestie, et de n'être pas mort doucement, sans avoir connu l'ivresse brutale de la Prise de la Bastille et le délire de la Terreur, dans les environs de 1787.

Mais qui m'empêche de vivre modeste et obscur et de mourir doucement, quand je voudrai — ou à peu près ?

Qu'un fonctionnaire, un haut fonctionnaire républicain se lamente sous ces arbres et parmi ce Passé de n'avoir pu s'abandonner, le soir, à la lourdeur enthousiaste de l'*Encyclopédie*, aux éclats de voix de Jean-Jacques, et de n'avoir pu se faire rosser par les gardes françaises, qu'il se lamente d'être venu trop tard, d'avoir eu les voluptés les plus grosses, les plus naïves, les plus étouffantes et d'avoir eu des lassitudes, des désillusions et des amertumes, ça n'est pas mon affaire.

Mais c'est charmant. Prenons ce fonctionnaire au moment où il constate que son bonheur a débordé son ambition, que son cœur dépouillé de désirs est devenu vide, vide... Suivons-le à travers les Tuileries. Il pleut.

II

LE MONSIEUR que nous suivons imagine, après des considérations sur l'opposition, sous les divers régimes que le bourgeois de 1787 serait aujourd'hui socialiste et anarchiste. L'horreur terne du présent l'aurait jeté à la magie des mirages. Il se serait enivré d'ors, de sourires, de chants épars dans l'Irréel. Son esthétique aurait été choquée par l'automatisme lourd des militaires, par la ténèbre massive des sergents de ville et il aurait souhaité — pour ce que ça coûte! — la disparition des gouvernements, des armées et des lois.

C'est très amusant.

Les arbres se souviennent de souhaits ingénus. Ils revoient les lentes promenades de quelques bonnes gens sous leur ombre paternelle et ironique, les idées échangées à mi-voix, à moitié prix, et les fiévreuses silhouettes de ces purs discoureurs qui furent républicains — et ministres — dans la suite.

Mais le Monsieur ne s'amuse pas longtemps,

et, dans la nuit qui s'épaissit et devient terrible, sa voix s'élève et s'épeure, grêle, mouillée.

« Ah! fait-il, âpres et chers ennemis, vous serez plus tard, vous serez bientôt sous-préfets, généraux ou trésoriers-payeurs généraux. Alors, triomphateurs, vous connaîtrez toute notre misère : votre joie, immense puisque c'est une joie de rêve, se brisera contre la méchanceté de de la vérité; la blancheur de vos espérances se souillera à la cruauté, à l'humilité des ambitions trop dociles et trop faciles. Votre horizon s'appauvrira et qu'adviendra-t-il de votre infini, mes enfants? Mais vous n'en êtes pas là : vos âmes s'élancent vers l'impossible; elles sont ardentes et entières — je les envie. »

Le Monsieur devient plus mélancolique. Sa tête blanche se fera plus blanche, condamnée à l'ennui des grimaces officielles, puis c'est l'abdication bourgeoise et l'incessant supplice de l'oubli et du repos. Il ne pourra échapper à la nostalgie de sa fragile dignité. Débris guigné par le musée de Cluny ou le musée Tussaud, il ne sera plus, pour avoir été — et avoir été quoi?

Nous sommes à l'endroit des Tuileries où les arbres sont le plus tristes. En ce fantôme de jardin, en ce fantôme d'empire, une hantise s'éternise. Le Monsieur soupire — un soupir lui répond.

III

Le spectre sort lentement de son palais rasé. Il a aux lèvres un sourire de douceur et de fraternité. Le Monsieur sourit du même sourire au morne empereur et c'est une promenade à travers le jardin amical et sinistre. La pluie, la misère, complice de la Nature, tout se prête aux douleurs et aux confidences : le cœur du monsieur se demande s'il va jaillir de la peau du monsieur.

Et le Monsieur veut crier vers le fantôme : des dégoûts, des colères bouillonnent, se précipitent, sortent — en un sanglot. Les larmes coulent en un élan passionné, avec des cris sourds et des gestes. Les arbres méprisent un peu ce désespoir, mais le spectre le contemple sans le détester. Les arbres bruissent plus fort : glas sur ces deux âmes.

Il pleut.

Le spectre parle :

« Oui, tu es malheureux et tu souffres. Tu n'es plus qu'un sourire — et quel sourire ! — et une écharpe, un accessoire de cérémonies,

un dessus de fauteuil et un dessus de pendule !
Si, entre quatre murs, tu as la naïveté d'émettre
une opinion, quelqu'un te démontre avec une
complaisance concise que tu n'exprime pas net-
tement ton sentiment. Il t'apprend — impérieu-
ment — ce que tu penses en réalité, d'après le
protocole, mais ça ne t'empêche pas de présider
ceci et cela. Pourquoi donc pleurer ? »

Alors, la face pâle et humide, les yeux bril-
lants — comment ? — le Monsieur tombe à genoux, chuchote et ricane :

« Je pleure parce que la torpeur universelle
reflue vers moi et m'étouffe — parce que je
perpétue l'abaissement des cœurs. Les âmes
meurent, sont mortes : le pays s'est usé sous
nous. Servage consenti, ambition qui serpente,
c'est un souffle de médiocrité qui emplit et
lassé tout. Ah ! une voix généreuse qui crie, des
yeux qui voient, des mains qui osent ! Non,
rien ! Des ventres ici et des ventres là : si un
hurlement traverse le monde, c'est la faim qui
le pousse Et après cette clameur, c'est le silence.
Du canon pour oublier ce hurlement et ce
silence — et ça dure. Ah ! qui nous rendra des
âmes, qui donnera une flamme à ces yeux morts,
une vie à ces choses ? »

« — La guerre ! répond le spectre. »

La guerre ! la guerre ! Le Monsieur s'effare.

Mais le dialogue devient trop peu intéressant ;
il faudra que je m'en mêle.

Il pleut.

Je m'avance. Je ne ressemble pas à Ruy Blas
parce que d'abord nous sommes aux Tuileries,
parce qu'il pleut ensuite, parce qu'il n'y a que
deux bonshommes (qui ne parlent pas affaires
d'ailleurs) et dont l'un est fantôme, de son
métier.

Je ne ressemble à aucun personnage clas-
sique, je ne ressemble qu'à moi — ah ! Dieu
veuille que je me ressemble !

IV

Je parle.

« Salut, Messieurs. Je m'excuserais de vous
déranger si je n'avais pas mieux à faire et si
l'on était tenu à des civilités envers les gens
que vous êtes. Mais vous parlez trop mal. Si
la torpeur universelle reflue vers toi, mon
bonhomme (je me tourne vers le Monsieur),
c'est bien gentil de sa part mais je ne sais pas

si elle reflue vers toi. Je le sais si peu que j'ai cru longtemps qu'elle refluait vers moi, vers moi seul et elle ne m'étouffait pas : elle me projetait hors de moi vers des aventures. Cette nuit, je ne pense plus à la torpeur universelle : ma torpeur est si grande que je vois qu'il en reste pour d'autres ; mais est-ce une raison, bonhomme, pour accaparer la torpeur. Et toi, fantôme, tiens-tu à la guerre ? »

— Oui, répond le fantôme.

— En vérité ? L'armée est un excellent instrument d'émotion, m'a-t-on dit. Pendant la paix, c'est une gamme chromatique qui marche, c'est la lueur de l'acier, c'est le mugissement des cuivres, c'est l'impassibilité impersonnelle des masques qui frappe la masse d'une admiration un peu mal à l'aise. Mais on se fatigue vite de cette régularité : Louis David est mort. Et il faut au peuple les sentiments si immédiats ! »

Le spectre ne répond pas. Il évoque l'âme de Sedan, l'âme de 1870 qui, grandie, cherchait des infinis de courage, de dévouement et de misère. Il la revoit, cette misère sublime, cette furie d'héroïsme, cette rage, cette vie qui se consume, qui s'exaspère avant de s'éteindre en un jet de feu.

Et c'était à lui qu'on devait tout ça.

C'est par lui que tout arrivait, les morts et le sublime. Las, il avait joui de sa déchéance cependant que la France frémissait, luttait, vivait et cette vie avait persisté, aiguisée par la douleur d'une humiliation, d'une amputation, Non, la blessure s'est cicatrisée, la vie a fui : c'est de nouveau la somnolence satisfaite.

Il a fini de rêver.

« Oui, dit-il, j'y tiens, à la guerre. Il faut la guerre à portée de la main, il faut que les fils meurent à côté de leurs mères, qu'elles sentent ces morceaux de leur chair pourrir, sanglants entre leurs bras. C'est de cette horreur féconde que renaîtra l'âme française. »

« Je ne peux pas, soupire le Monsieur, je ne peux pas. »

Il hésite, se tord les mains, pense à autre chose et se lâche.

« Ah ! le 2 Décembre, c'est la plus belle page de ton existence ! Jour de fièvre, de surexcitation, de folie, d'agonie, où tout croulait, où tout naissait. Silence de mort en ton palais, silence où tu entendais passer des râles de mourants et des cris de blessés, paix où tu voyais l'éclair bruyant des fusils, où tu voyais l'élan des chevaux, yeux mornes de valets où t'apparaissaient les yeux des révoltés et des soldats fous. Et par delà le fini des plafonds, l'âme de Bonaparte planait et emplissait ton horizon, sa voix t'exhortait et t'appelait : c'était lui qui agissait ce jour-là, qui était sorti de son tombeau pour recommencer, pour achever son œuvre. Ah! l'admirable angoisse qui sèche la gorge, l'arrêt, puis l'explosion de vie ! on a vaincu !

— Et c'est aussi cette journée, raille le fantôme, qui a créé la République. C'est de son horreur que vous vivez. Et quelle horreur! Un brave homme tombé dans une écharpe, trois ou quatre enfants tués par des balles perdues ! Ces enfants auraient été bandagistes ou caporaux, ce député n'aurait pas été réélu, et, à cette mort, sa médiocrité par hasard héroïque gagna une bonne petite éternité garantie cinquante ans. Et parce que la fougue de quelques avocats et de quelques généraux promus députés a été contenue poliment, la haine des tyrans est devenue tyrannique et la répugnance des représentants pour les prisons a fait adorer partout la légalité! Va, ose, mon frère !

— Je ne peux pas, râle le Monsieur, je ne peux pas. »

V

Je me mêle de nouveau à la conversation. On a décidément besoin de moi.

Il pleut.

Je souris : « Tu vois, Sire, dis-je au fantôme, ce n'est pas moi qui le lui fais dire. Le Monsieur ne peut pas. Sois gentil. Présente-moi au Monsieur ».

Le spectre semble ne pas entendre. Il murmure :

« Le seul regret de ma vie, c'est de n'avoir pas, en 1848, fait élire président de la République le candidat Victor Hugo. Je ne me serais pas ennuyé. La France non plus.. »

Il pourrait bien, tout de même, s'occuper un peu de moi. Je me présenterai tout seul.

« Monsieur, que de préambules il me faudrait si je ne sortais pas, habillé, casqué et armé, de votre phrase et votre gémissement. On parle coup d'État. Le coup d'État, c'est moi. »

Le Monsieur me considère.

— Je ne comprends pas, dit-il.

— Ah !

— Non, je ne comprends pas. Le coup

d'État, c'est une pièce historique et une pièce montée, c'est un antique, c'est un thème. Vous êtes le coup d'État, jeune homme ? Ça ne vous rajeunit pas.

— Monsieur, on peut tout rajeunir, même l'esprit français. Et qui vous demande d'être spirituel ? Vous vous promenez ici parce que je le veux bien et parce que je mâchais tout à l'heure à vide une phrase de Flaubert. Je vous ai lâché à travers mon découragement et ma lassitude, et voilà que vous voulez railler ? Moi, je veux bien — encore. Ricanez, bonhomme. Ah ! puissé-je croire que c'est arrivé et que ça arrivera ! Écoutez ce que je vais dire : je ne suis plus bien convaincu : ne faites pas attention. Donc, Monsieur, je suis le coup d'État. C'est moi qui... Mais ça ne vous intéresse pas ? »

Le Monsieur cherche à regarder ailleurs. Le spectre fume longuement une cigarette.

« Ah ! Monsieur, ça ne vous intéresse pas ? Vous ne vous prêtez pas à mon discours. Eh bien ! je vous dis au revoir. Je ne vous donne pas rendez-vous sur une barricade parce que ni vous ni moi ne monterons sur une impossible barricade, mais je vous donne rendez-vous chez vous — un jour. Et filez. »

Le Monsieur disparaît, sous la pluie.

*Il cherche — sans l'apercevoir — le bon aven-
turier qui, séduit par le leurre du pouvoir, lui
enlèvera — facilement — son fardeau trop
lourd.*

Les aventuriers ne devraient jamais parler.

VI

Il me reste le fantôme.

« Fantôme, je suis triste. Je voulais *crâner*
avec le monsieur : à force de *crâner*, j'espérais
redevenir un peu moins veule. Je suis triste :
j'avais un discours aux lèvres que je n'ai pas
prononcé et des ironies qui n'ont pas servi. Le
monsieur s'en fut : je ne puis le rappeler; il a
passé les portes de l'Irréel. Tu es là, fantôme,
et je n'ai pas de discours à te faire; je t'aime,
mais ça me gène de t'aimer. C'est que tu fus
empereur, non sans effort mais sans gène et il
me faut des raisons pour vouloir être empereur. Tu n'excites ni mon ambition ni mon
esprit d'aventures. Tu es l'homme qui, à Stras-
bourg et à Boulogne, erra à travers des régiments, agitant le démon des guerres civiles et
des équipées et tu ne me pousses pas vers des
casernes d'infanterie. J'ai beau me rappeler des

vers de Hugo et des tableaux, je ne l'aperçois pas sanglant et sournois. Tu as autour de toi un halo de douceur et de fatalité, de rêve aussi. Va-t'en, va te promener chez les rêveurs stériles qui disent ton sourire vague et tes yeux vagues; je n'ai pas besoin de toi. Tes yeux ne sont pas troubles : ils sont si las qu'ils sont transparents, profonds et vides, en leur clarté, comme le corridor des limbes et ton sourire est inconsistant. De quoi, de qui souris-tu fantôme ? »

Le fantôme parle :

« Rien ne te force à être empereur. »

— « Et toi ? »

Le fantôme ne bronche pas. J'insiste :

« Qui t'obligeait à être empereur ? Ta naissance ? C'est Bonaparte, n'est-ce pas, qui te tira au trône par le bras, par les pieds ? Mais moi, je me suis élu fils de Bonaparte, frère de Bonaparte. J'ai fait venir en moi l'âme de Bonaparte. Tu voulus être empereur pour avoir de l'argent ? J'ai besoin d'argent. Mais non, tu voulus être empereur parce que tu te sentais mou, languide et sans désirs : je ne te suis pas sur cette terre de Paradoxe. Tu voyais partout les hommes violents, avides, frémissant de tous les frissons, taquinés par le génie, par la

Raison, par la Folie, calculant, criant, doutant, se battant, avec des bonds vers la mort et vers la vie, avec des pensées et des grincements de dents, se débattant au milieu des inventions les plus étranges et des plus étranges soucis, chantant, pleurant, modulant des hurlements et des hoquets. Et toi, homme morne, qui vieillissais, bonhomme un peu Hollandais, un peu Allemand et un peu Suisse, à peine Italien et pas du tout Français, homme aux goûts modestes et aux besoins modestes, homme de sommeil et de fumée, tu considéras, les paupières à peu près closes, cette houle grouillante et trouble. Tu savais que tu n'étais pas très intelligent et que tu manquais un peu de génie. Tu n'avais pas un très bon estomac et la maladie venait te toucher parfois. Tu te dis :
« Ces gens, cette masse de passions, de fièvres
« et de désirs, cette masse, je la tiendrai en
« ma main hésitante et je ferai planer, maî-
« tresse indulgente mais maîtresse, ma lassi-
« tude sur toutes ces impatiences et sur toutes
« ces ardeurs. Vraiment, je crois que, parmi
« tous ces hommes, on n'en trouverait pas de
« plus faible et de plus désintéressé que moi.
« Des poètes ont inventé le mal du siècle : je
« n'ai jamais songé à l'inventer et je sais seule-

« ment que j'ai mal. D'autres poètes ont in-
« venté le doute et la foi, et je crois que je
« doute un peu et que je crois un peu. On a
« inventé la République et je suis républicain.
« Je serai Empereur. J'aurai ce pays, ces
« âmes et ces corps ; je ferai couler du sang
« sans méchanceté et de l'encre, sans littéra-
« ture. Je déchaînerai les fantômes du Parjure
« et de la Trahison, du Passé et de l'Avenir,
« afin de pouvoir bâiller, entre deux cigarettes,
« en une petite chambre des Tuileries. Et je
« suis prédestiné, en outre ; je suis l'Homme
« du Temps : je prendrai le trône pour pou-
« voir dire au Destin, au Temps et à Dieu :
« Vous m'avez voulu Empereur : moi, j'ai bien
« voulu. Et après ? »

— « Et après ? » répète le fantôme.

— « Pardonne-moi, fantôme : ç'a été un
discours. Je voulais dire simplement que j'ad-
mirais beaucoup ton paradoxe mais que je ne
le recommencerais pas. Je veux le trône, mais
je le veux pour en jouir plus et plus vulgaire-
ment. Je veux le trône pour faire quelque
chose et pour être quelque chose. »

Le fantôme se tourne vers les taillis mou-
vants des Tuileries. Un silence.

— « Je t'ai écouté, mon ami, dit-il. Écoute-moi. Ce n'est peut-être pas le décor qu'eût imaginé Platon pour disserter de la tyrannie : il pleut ; mais nous ne sommes pas Platon : nous sommes des hommes de bonne foi, de bonne volonté et d'action. Tu me fais des reproches ? Tu m'aurais désiré âpre et sot ? Qui t'a parlé de mon indolence ?

Et pourquoi me prêter des paroles romantiques ? Ah ! prends-moi comme je suis. J'ai été actif, j'ai été brouillon, j'ai gouverné, j'ai fait la guerre, j'ai fait l'amour. Que faut-il de plus ? Toi, tu veux le pouvoir, pour faire le bonheur du peuple, pour faire vivre le peuple, pour faire quelque chose de lui ? Tu ne t'embêtes pas. Et quels projets as-tu ? As-tu dans ta poche un code nouveau ou un plan de campagne ? »

— « Je veux le pouvoir. Mes projets sont troubles et mon âme est trouble. Je ferai, mais quoi ? Lorsque Napoléon Bonaparte songea — enfin — à un coup de force, il ne se demanda pas pourquoi il voulait être chef. Il se sentait quelque chose là — et ici. Le trône ! On verra après ! »

— « Oui. Mais c'est le Père Ubu qui a raison lorsqu'il prend le trône de Pologne, après le massacre préalable d'un roi et de quelques

princes, pour pouvoir s'acheter une capeline
de laine. Ah ! ne pas être délicat ! Et les préten-
dants ont raison aussi qui veulent le trône,
parce que leur père ou leur grand-père a été
roi : ce sont toujours les brutes qui ont raison.

— « Continue, fantôme : tu m'intéresses.
Mais ça ne mord pas. Je ne demande à personne de me décourager. Je me décourage
moi-même et, en cela comme en tout, je me
suffis. Je t'aime, fantôme, mais je t'aime
comme un étranger, comme un frère, comme
un être très proche dont on ne participe pas, à
qui on ne ressemble pas, avec qui on n'a pas
d'affaires, je ne te dois rien et tu ne passes pas
dans ma vie. Il me faut me déranger pour te
voir. Je sens maintenant que j'ai tout de même
confiance en moi et que je pense réussir. Je
suis un enfant volontaire, têtu, un méchant
enfant qui veut parce qu'il veut. Je serais
digne d'être Corse. Tu n'es pas Corse. »

Je ne sais pourquoi le fantôme reste sous la
pluie, en ce jardin qui s'éveille.

On a tort de faire parler les spectres d'empereurs qui viennent rêver. Ils n'apprennent jamais rien aux innocents qui les consultent.

Voici le jour.

Et le spectre s'obstine. Il bouche mon horizon, il masque l'Arc de Triomphe du Carrousel et l'Arc de l'Étoile.

Il ne me laisse voir que l'obélisque et lui. Et j'ai de la tendresse ! Je fais un effort, je me décide.

« F... moi le camp ! » dis-je au fantôme.

Et, sans même sourire, vraiment gentil, le fantôme f... le camp.

Il ne pleut plus ; il a plu un peu encore, juste assez pour laver le jardin de ses cauchemars. Et le jardin s'éveille, calme et frais.

Ce sont des bancs de pierre très blanche, ce sont des statues très blondes et des arbres jaunes et verts : plus de mollesse, plus de langueur ; paysage ferme d'après-pluie où l'on se sent envie de courir et de rire et de vivre.

Je me secoue dans le beau gris rosé de l'aurore.

Je suis heureux et je me sens si largement exister que je ne désire plus rien.

Ça ne durera pas.

Je voudrais voir la ville s'éveiller, elle aussi. Mais il y a des grilles entre elle et moi.

J'appartiens au jardin.

Il n'a pas été trop tyrannique et trop méchamment féerique. Tous les fantômes n'y ont pas surgi, qui pouvaient surgir : qui empêchait le Petit Homme rouge de venir disserter avec moi, qui empêchait Philippe II de me parler religion et Agrippine de me parler femmes ?

Ça va bien.

Le jardin s'humanise. Il est gentil comme une cour de lycée, comme un préau de prison où fleurirait de la lumière.

C'est une prison en effet, une prison de gloire et de charme qui m'isole du siècle et de ses soucis et de sa torpeur.

La ville est là, à portée de la main — sans que je la puisse toucher. Il n'est pas temps encore de la prendre. Des gens vont à leur travail, lourdement, des femmes se hâtent et des enfants vont, les yeux gonflés, chercher du lait sous des portes cochères.

Voici que les premiers omnibus roulent sur la chaussée, profondément. Il n'y a pas encore de soleil, mais le soleil fait sentir qu'il viendra — et c'est beau de sa part.

Clair matin d'automne, matin clair et vide, matin qui ne servira à rien !

C'est un jour où je sentirai que j'existe, que

je suis un homme comme un autre et comme les autres.

Matin sans magie et sans fantaisie, matin monotone et tranquille : pas de romantisme. Et je sors de la légende et de rêves et d'ennuis. Je pourrai me détendre.

La ville, pourtant est vraiment bête. Les gens sortent de chez eux et vont comme s'ils savaient où ils vont. Ils sont graves et résignés : on croirait que quelque chose les pousse à leur atelier ou au souffroir que M. Paul Bourget imagine avec des tentures Liberty mais qu'on peut, sans y mettre de la bonne volonté, trouver sur la voie publique — en vagabondant. C'est à devenir déterministe.

Ah! si je savais qu'il est écrit que je serai empereur!

Mais ça ne m'avancerait à rien. Je suis plus fort en voulant être empereur, comme ça, parce que je veux bien. Et suis-je bien décidé?

La ville est blanche. Il y a des arcades et des hôtels. Voici du monde. On vient, on vient. Et voilà la foule. Des cris, de la sympathie, de l'enthousiasme.

Ce sont des soldats qui vont passer. Une fanfare aigre, allègre, qui sonne, qui nargue, qui entre dans le nez, qui crépite, qui piaille, qui éternue, une fanfare vieillarde et gosse, une fanfare de victoire et de saoûlerie, une fanfare phtisique qui menace, qui raille et qui n'est pas méchante.

Il y a tout là-dedans, des récits de corps de garde, des rires de folles, des grelots désuets : il y a des agonies de recrues et des jurons de marchefs ; il y a le défilé des femmes à soldats depuis Judith jusqu'à nos jours — et il y a de l'héroïsme, tout de même — et du sentiment.

Du peuple. Il y a des soldats derrière.

Des soldats ! Pauvres gens ! Je ne pense pas beaucoup à eux. Pourtant, ils sont dans l'affaire, dans mon affaire. Mais ça se trouve, des soldats. Pompée avait tort de croire qu'il fallait, en frappant la terre du pied, en faire sortir des légions. Il s'agit — simplement — de les faire rentrer sous terre — après avoir servi.

Quoi qu'il en soit, ces soldats arrivent. Qu'est-ce ? Collets jaunes, vestes bleu ciel, ceintures rouges : chasseurs d'Afrique. Que font-ils ici ? Ah ! c'est vrai : ce sont des fêtes qui nous tombent dessus : un empereur à recevoir — et ce n'est pas moi. Ne songeons qu'à ces soldats qui passent.

Il m'en faudra.

Et ce n'est pas désagréable à regarder. C'est même fin — à y réfléchir.

Il y eut des masses pareilles qui errèrent sur les routes d'Europe. Des cheveux leur tombaient à la nuque et c'étaient des cadenettes rudes ou des boucles blondes ; des bancals leur couraient au flanc et rythmaient des mélopées aux flancs de leurs chevaux. Des bottes courtes leur mordaient les mollets ou montaient aux genoux et s'y faisaient lâches ; c'étaient des tresses, des brandebourgs, des manteaux dansant aux épaules et des boutons scintillant, grelottant, riant et brillant. C'étaient des flammes aux colbacks, des manchons de tigre autour des casques et des plumets féroces et tremblants.

Ils allaient sur les routes, tranquilles, au pas : ils chantaient des chansons de leur pays, des chansons qui mouraient dans l'air ; c'étaient des âmes d'enfants. Ils jouaient avec les crinières de leurs chevaux, avec la dragonne de leur sabre, avec leurs sabretaches et les glands de leurs bottes; ils jouaient avec le soleil et avec le reflet de leurs yeux dans les fleuves.

Et voilà que galope autour d'eux, devant eux, musant comme une mouche d'or, flirtant avec le ciel, le soleil et les roses comme un papillon, léger, étincelant, tout de velours clair et de soie claire, en une splendeur d'hermine et d'argent, un homme qui traverse les mondes et les pompes et les gloires sans garder son sérieux, sans pouvoir être sérieux, un homme qui, séminariste, maréchal des logis, général, prince et roi, n'a jamais eu de disposition, de prédisposition pour le trône, pour la selle pourpre du général, un homme né pour être charmant, pour sourire, pour être joli et pour briller, une homme de premier plan et de parade, un fantoche pour les bagatelles de la porte du sublime et des cieux, et qui est héroïque comme il est grotesque, sans malice.

C'est Joachim Murat.

Il est beau. Il a un beau cheval. Il a de bons soldats, puisque ce sont les siens et qu'il en fera toujours tout ce qu'il voudra et qu'il les tient, séduits, au bout de sa cravache vaine, de sa cravache presque irréelle qui caresse son cheval, qui caresse les airs, qui caresse les siècles.

Il va.

Ses soldats, dragons et guides, grenadiers à cheval et houzards, ses gendarmes d'élite et ses cuirassiers, tout est gentil, tout est frais; qu'ils s'amusent, ces enfants! qu'ils s'attardent autour des fleurs et au-dessous des arbres, au petit trot, au petit pas, qu'ils suivent des yeux le vol d'un oiseau et qu'ils ne calculent pas à quelle distance ils pourraient le tuer, qu'ils laissent dormir leurs carabines et leurs pistolets, que leurs bancals se bercent lentement : lui-même, au long de la route, à des rêves et des souvenirs; il a un avenir qui s'étend devant lui, un avenir lisse et mou comme une piste de cirque, un avenir tissé de soie et d'or, d'argent discret, de velours et d'hermine, un avenir tiré d'une écurie des *Mille et une Nuits* et où, en cravache d'éther, on se promène sur Bucéphale, sur le cheval de Persée et sur les chevaux du Soleil : il y a des femmes aussi et des Empires et les splendeurs les plus coquettes, les plus galantes, avec de la vanille, et de la maréchale, et du goût — mais avec un peu trop de tout cela.

C'est gentil comme tout et c'est sublime, mais c'est gentil. Il va, avec des grâces et la grâce.

Puis une idée — ah! ah! — se risque et se joue en ce cerveau empanaché : courir.

Courir!

Il faut une excitation et un rhytme. Il court parce qu'il le veut et que cela lui fait plaisir, mais il ne peut pas courir comme ça — comme il ferait l'amour. Il lui faut de la poésie, il lui faut des ailes.

Ce sera, n'est-ce pas? une chanson du paradis, un gazouillis des nuées, un hymne des séraphins guerriers? Pour cette course pure, pour cette chevauchée irréelle, il faut... que faut-il?

Écoutons :

> J'ai le cul rond comme une pomme
> rond comme une pomme!...

Fièvre et désir d'infini, élan vers tout, fièvre de vie, galop hors du réel, galop de proie et galop de dédain, voilà vos mots, voilà votre langue! Sans doute *rond* symbolise le globe terrestre et le globe des cieux : *rond*, c'est le globe que les rois portent en leur main gauche.

c'est le globe de la lune, c'est le soleil, c'est
la sphère de perfection et d'infini ; et *pomme*,
c'est la pomme des Hespérides et le fruit du
bien et du mal ; sans doute, en cette brève chanson passe toute l'histoire, toute la mythologie,
tous les prodiges et tous les rêves, mais c'est
une chanson brève, cependant, une chanson
pas très distinguée, à peine assez gauloise pour
n'être pas romaine, chaste et robuste, mais
d'odeur un peu forte.

Ah! ça t'enlève, Joachim, ça te fait bondir
sur ta selle, ça te pousse, ça te projette en avant!
Et les chevaux de tes soldats suivent ton cheval : ils ne se bousculent pas, ils gardent leurs
distances et leur ligne. C'est une course pour
le plaisir, une course sans but, histoire de se
promener, de se fouetter le sang, de sentir de
la fraîcheur et de s'amuser. C'est une course
qui, sagement, s'affole, qui se précipite. Les
champs succèdent aux champs, les forêts aux
marais, les fleuves aux lacs : voici des îles,
voici la neige, voici la mer. Tu vas toujours
devant toi, Joachim : tu trouveras toujours
quelque chose sur la route.

Et on trouve quelque chose — par hasard :
l'ennemi. Oh! c'est très simple : les sabres

jaillissent des fourreaux, et on défonce des chevaux, on sabre, on assomme. C'est la mêlée : on frappe, on frappe. Tiens! on se retrouve? il n'y a plus d'ennemis : c'est devenu un amas de morts? On a assez couru ; on peut — pour se reposer et pour laisser disparaître tout seul le sang figé aux cuirasses — sourire au soleil, à la mousse et aux fleurs.

Mais tu es mort, Joachim Murat : je ne puis te retrouver sous ta toque empanachée et ça m'empêche d'avoir de la cavalerie à moi.

Et t'ai-je ou ne t'ai-je pas rencontré sur un cheval de l'État ou dans un estaminet? T'ai-je ou ne t'ai-je pas vu sauter des haies parmi des hippodromes militaires et embrasser dans le cou une fille en corsage rose?

Je t'ai vu et je t'ai vu sous-officier.

Beau, jeune, élégant et mince, tu portais l'uniforme noir des écuyers de Saumur et tu faisais sonner tes éperons savants; tu es ici, parmi cet escadron qui passe : le soleil pâle rit sur l'argent pâle de ton ambitieux galon. Tu t'enivres de l'air imprévu de Paris : passe, ramasse les hommes, prépare-toi au galop, plaisante au café comme jadis, sois beau parleur, brave et léger, rêve et rêve comme jadis : tu ne seras plus, tu ne seras' pas maréchal de France et roi de Naples. Tu n'attendras même pas l'heure de ta retraite proportionnelle : tu déserteras.

Tu déserteras parce qu'il y a des femmes et des officiers, parce qu'il y a plus de saluts à offrir, rigide, que de saluts à rendre, parce que tu ne charges qu'en des charges de parade et que si tu ne tues point ce n'est pas pour obéir à un commandement de Dieu.

Tu déserteras : tu auras tort parce que la Belgique n'est pas amusante et que la Misère, coiffée du bonnet à poil des gendarmes flamands t'y attendra avec sa sœur Nostalgie en tristes dentelles de Malines, parce que ça ne se fait pas et que ça ne sert pas à obtenir un emploi civil et parce que ça aide à 'peine à se faire élire conseiller municipal — à Paris.

Mais tu déserteras. Après tout, ça ne me regarde pas.

Je suis dans un jardin avec du passé et des arbres. Il y a une grille entre ces hommes à cheval et moi. J'aurais plaisir à culbuter peut-être un des officiers qui marchent en tête ;

à prendre son cheval et à m'élancer en avant, le régiment suivant mon cheval. Mais ça ne prendrait pas.

J'aurai de la cavalerie, j'aurai des Murats et des sabres — plus tard.

Aujourd'hui restons dans le jardin et dans le soleil pâle : laissons cet escadron trotter jusqu'à une caserne, jusqu'à une gare pavoisée et jusqu'à un empereur. C'est une troupe de parade et de demi-gala, c'est de l'épopée pour ser», o d'ordre, c'est une escorte légère. Allez, petits chevaux, allez, petits soldats.

Et toi, ville, tu es éveillée. Tu es là. Je te touche du doigt. Voici que tu envahis mon jardin. Voici que, en habits de tous les jours, tu t'assieds sur mes bancs de méditation et que tu traverses mes allées pour traverser mon fleuve et pour aller chercher de la misère ailleurs.

Ville, ville, je te reviens

Je sors de mes doutes, je ne te dédaigne plus, je n'ai plus peur de toi. Je suis sans véhémence. Je n'ai plus à pleurer. Tu es la ville des chevaux et des jardins. Le Bonaparte qui passa là était un Bonaparte tranquille. C'est ici que Napoléon venait sourire à son fils, ce n'est pas loin d'ici qu'il passait des revues.

Ah ! ville, ville qui appartiens à d'autres que moi, qui n'es à moi que parce que tu es à tous, ville grise, ville blanche, ville fraîche, tu seras toute à moi : tu es belle.

7 octobre 1896.

Tu tâches, ville, à te faire plus belle. Tu te fais prêter de la jeunesse et de la candeur. Tes arbres veulent sembler stupides, avec des fleurs en papier et des globes en celluloïd rose. Des mâts en carton poussent sur tes ponts, des arcs de triomphe s'agglomèrent à tes carrefours : tu deviens gracieuse et d'une grâce petite et sucrée : un empereur va te visiter.

Comme ça tombe! Au moment où il me faut un empereur, j'en trouve un — sous la main.

Il me fallait un empereur, un empereur étranger. Napoléon est trop en moi, j'ai besoin de recul, j'ai besoin de voir comment c'est fait, cette chose, un empereur. Et ça montrera au peuple, aussi, que ça existe, cette chose, un empereur.

C'est une préparation.

Et j'ai un terme de comparaison. Il faut que je *le* voie. J'ai vu des spahis et des voleurs qui venaient pour lui, j'ai vu les wagons vomir des provinces sur les quais d'arrivée de toutes les gares, et j'ai vu des ordonnances de M. le Préfet de police.

Les temps héroïques sont venus des balcons qu'on loue et des échelles qu'on prohibe, des camelots qui vendent du patriotisme en lithographie, de l'espoir en étain et de l'enthousiasme en simili-japon, les temps héroïques des cris qu'on invente et qu'on fait breveter, des drapeaux ingénieux et des ivresses.

On ne m'a pas fait une place dans le cortège, on ne me laissera pas de place parmi la foule : où me mettre ? il faut que je voie. Un balcon ? une échelle ? non. Réfléchissons.

Ah ! il y a une place : c'est une place publique. L'empereur n'y passe pas ce matin : elle est vide, — avec un autre empereur. Le ministère de la justice est abandonné ; devant l'édifice militaire, une sentinelle erre, misérable, toute triste de n'être pas de garde à la gare ou à l'am-

bassade : tous les bonshommes, tous les domes-
tiques, tous les garçons de cuisine s'en sont
allés par les avenues fortunées où s'aventurera
le pâle souverain.

Personne : des drapeaux, des guirlandes, des
verdures laborieuses.

Et te voilà, colonne de bronze. On n'a pas
osé trop te farder et infliger des fleurs à la grille
rouillée. Tu t'ériges comme je t'ai toujours
aimée, blonde et gangrénée de gloire, vérolée
d'héroïsme, ourlée de batailles, sous des pus-
tules sublimes et des virilités en relief. Tu es
toujours pure et trouble de tous les infinis et
de tous les actes, tu es toujours hiératique et
épileptique à la fois, humaine des humanités
les plus fauves et les plus chantantes — et divine. Tu es délaissée, oubliée : ton gardien est
parti vers les voitures armoriées : il n'a pas
même fermé la grille. Qui songerait à entrer et
à monter ?

J'entre et je monte.

Ah ! le lent escalier, le mur étroit suintant
de splendeur et de grandeur ! Et comme il est
facile de mettre ici de l'intimité. Bronze muet,
bronze taciturne, bronze sourd comme le Cau-

caso, je t'entends qui chantes — et la chanson n'est pas une hymne slave. Ah! chanson claire, chanson nostalgique et douce. Des souvenirs, des souvenirs. Ce sont des canons cristallins qui courent sur des routes de vieil argent et ce sont des sabres d'argent qui sonnent contre des éperons de vermeil. Ce sont des lumières liturgiques et des soleils tendres de matins de victoire, ce sont des bivouacs au bord des lacs et des rires de vierges parmi des retours triomphaux : c'est le parfum des lauriers mêlés aux lys.

Je monte, je monte.

Ce serait délicieux de passer toute la journée en cet escalier obscur, intime et musical et de me laisser envahir par la caresse nostalgique de ce bronze et de ce Passé. Bronze allemand, bronze autrichien, tu mugis contre nous et tu pleures maintenant. Mais je ne suis pas venu pour t'entendre. J'ai quelque chose à voir.

Je suis arrivé. Une grille encore et du ciel. Et je trouve encore du bronze.

C'est toi, Napoléon, c'est toi.

Tu es entre le ciel et moi comme un intercesseur. Et tu es là pour me parler. C'est le matin. On est déjà levé pour aller voir les chevaux et les voitures. Il fait froid.

Napoléon, je ne sais si tu regarderas l'empereur qui va arriver. Je ne sais pas s'il t'intéresse. Il a des aïeux et il a un trône et un empire comme patrimoine. Il est jeune, il est gauche. Mais autour de lui et vers lui, voici jaillir la foule, la voici qui s'avance, religieuse et barbare, qui le devance de quelques heures, qui le cherche, qui le hume, qui le happe. Tout le monde est dehors. Je ne sais si jamais pour toi, Napoléon, tant de gens quittèrent leurs demeures et se ruèrent et s'écrasèrent. L'homme qui va débarquer ne m'intéresse pas. J'ai vu des portraits, je l'ai évoqué parmi l'espace : il m'est apparu un peu triste et sans flamme. Aujourd'hui, il représente pour moi un mannequin qui occupe ma place, il me donne la comédie. C'est une répétition générale, brillante, fardée, plus chaude peut-être et plus glorieuse qu'une première représentation, mais où on ne dit pas le nom de l'auteur. Et puis, je suis venu voir la foule, mon peuple. Je vois. C'est immense et ce n'est rien : ça se replie, ça se varie, ça frémit et c'est toujours la même chose. La colonne n'est pas très haute. D'ici le spectacle n'est pas aussi terrifiant que du haut de la Tour Eiffel. Les gens n'apparaissent pas petits et ronds comme des

scarabées, plaqués au sol et ayant peine à bouger un peu. Ça semble vivant tout de même, un
peu petit, mais réel : ça court et ça glisse. On
peut même distinguer la couleur des vêtements
et les fenêtres des maisons.

Et c'est pauvre.

Ah ! c'est la ville et ce sont d'autres villes,
c'est un peuple et une armée, ce sont des
drames, des passions, c'est la résignation, la
révolte et — quelque part — le génie. C'est
l'humanité, la France et l'étranger. C'est l'enthousiasme et la furie, c'est la curiosité, la pué-
rilité, c'est la candeur, c'est, infinie et goulue,
indulgente aujourd'hui, mais féroce demain, la
misère ; c'est peut-être le crime : eh bien ! ce
n'est pas grand'chose !

Ville, je ne t'ai regardée jusqu'ici que d'en
bas.

Tes édifices ont cinq étages ou six, tes réver-
bères et tes globes électriques sont hautains, et
les casques de tes gardes et de tes cuirassiers
surplombent assez souvent les chapeaux hauts
de forme.

Et la foule mystérieuse, la foule jamais for-
mée, la foule toujours hésitante, toujours
éparse, se fait respecter et craindre, à force

de ne pas exister. Aujourd'hui, elle existe. Tant pis pour elle. Les toits de tes maisons, ville, sont ridicules. Troués de cheminées quadrangulaires, avec des hommes dessus, qui veulent voir, eux aussi, ils ont l'air de vouloir tomber. Ils sont bas. Tes globes électriques et tes globes de gala ont l'air de ballons d'enfants qui ont peur de s'envoler et qui rebondissent, et qui retombent, et les églises vides semblent très malheureuses.

Il y a la foule et il y a des gardes et des cuirassiers pour la contenir. Tous ont l'air d'être collés l'un à l'autre, les gardes, contenus par la foule, et *vice versa;* c'est copieux comme une portion de restaurant à la carte, c'est étriqué, ce n'est pas sérieux.

Ça, c'est de l'épopée ? Ça, c'est de l'hymne, ça, c'est de la puissance et du lyrisme et de la foi ? C'est de la farce, une farce énorme, mais sans imagination. Epaissis-toi, foule, fais-toi plus drue, plus folle, fais-toi compacte et lourde comme du bitume, fais-toi sombre comme l'enfer : tu ne me fais plus peur. Toi, ville, et toi, foule, vous ne tenez pas ensemble; vous n'êtes pas solides : vous dansez l'une dans l'autre, épileptiques, tremblantes et lasses.

Vous êtes à ma merci : j'ai la sensation que je

vous prendrai, comme ça, en passant, d'un revers de main. Je suis content, Napoléon, je suis aussi content que le dernier des employés est joyeux de voir le tzar ; je suis joyeux de toute l'allégresse de cette cohue de tous les pays et de tous les êtres, et cette allégresse reflue vers moi, vers mon ironie et vers mon espoir débordant.

Ah ! mes enfants ! Ah ! mes enfants ! Comme vous êtes laids ! Criez, voyez, sentez-vous libres, saluez un empereur, volontairement, pour le plaisir, en citoyens : je vous tiens, je vous ai.

Napoléon, tu eus ces gens-là à toi : tu en tiras des soldats et des héros.

Le reste, tu le laissas errer autour des Tuileries et attendre patiemment des temps de médiocrité. Napoléon, de tous ces êtres qui se précipitent et qui se tassent, de tous ces êtres qui, parmi les heurts et les coups de pied, attendent et attendent, aucun ne songe à toi : Napoléon, je te donnerai ces êtres, je te les rendrai, plus humbles et plus malléables que jamais. Ça sera ce que tu voudras et ce que je voudrai, mais ça sera.

Ceux-là, c'est l'armée. Ils me sont chers. Ils sont grêles et sans grâce, en leur grande tenue de service. Les chevaux ne se tiennent pas bien, branlent la tête et piaffent avant le « Garde à vous ! »

Voilà le « Garde à vous ! » et les chevaux, les soldats, la foule et la ville tâchent à se faire hiératiques. Des coups de canon trouent, d'un fracas soumis, la ville qui se recueille pour pouvoir crier plus fort. Ce canon semble pleurer russe.

Il avait un autre accent, Napoléon, lorsqu'il crachait sous toi : il est doux aujourd'hui, et grave comme une prière : il ne sait plus bien, il se demande à quoi il sert et parle comme il se tairait. Grondements sourds, lourds et pointus. Et voici des dorures et des éclairs d'apparat.

Voici le cortège. Tumulte, cris, essor de tout le trouble d'un peuple — et le chaos. Tout s'agite sans avoir la place de s'agiter, tout veut hurler et chanter. Ah ! ce n'est plus la monotonie des jours et des soirs où l'on se tait, par habitude, et où on ne veut rien savoir de ce qu'on a au cœur, où l'on ferme les yeux pour ne pas voir en soi — et où l'on ne veut dormir pour n'avoir pas de cauchemars et de rêves. Quelque chose d'étranger va venir, ça vient, quelque chose d'un peu irréel puisque ça vient de loin, puisque ça a traversé bien des pays, que ça a des aïeux, que c'est papa, que ça a des soucis compliqués et de l'argent, des mers et des continents de glace. Du reste, ça ne s'arrêtera pas, ça passera, ça repassera, ça traversera la ville en long et en large, mais ça filera.

Alors, on envoie vers cet éphémère tout son ennui, toute sa misère, tout ce qui danse et se tord en son cœur.

Explosion d'allégresse ? Non, douleur et angoisse et néant qui se lâchent. D'en bas, on n'entend pas, et d'un balcon, on est si préoccupé de regarder et de voir ! C'est ici qu'on est bien pour écouter. Et tu écoutes avec moi, Napoléon. Et il me semble, fantasmagorie déplaisante, que tu regardes.

Tu regardes ces gens qui viennent. Des colonels, des gardes républicains, de l'artillerie, des généraux : ça passe.

Des officiers d'ordonnance, des valets et, galopant et fantasiant, en manteaux rouges, à travers les fleurs rouges et blanches des Champs-Elysées, lançant leurs petits chevaux, en une poudre d'argent, dans les globes pâles du Cours-la-Reine, ce sont les cheiks arabes aux fusils d'argent et de songe. Tu les regardes, Napoléon, et ils te regardent...

C'est pour toi qu'ils cavalcadent et qu'ils jouent, qu'ils jonglent avec leurs fusils et avec le soleil, qu'ils font frissonner leurs manteaux rouges et leurs manteaux blancs.

Ils parlent :

« Nous sommes presque tous des vieillards. Nous sommes aussi vieux que les rois mages qui s'en vinrent apporter à Jésus la myrrhe et l'encens. Nous sommes mages et rois comme eux. Nous attendons la mort sans hâte et sans crainte en des déserts éternels, et nous sommes tranquilles et justes. Nous avons quitté nos déserts et notre sérénité, nous avons laissé nos troupeaux chercher en vain de l'herbe dans les sables, nous avons laissé nos chameaux tristes, nous avons abandonné nos chevaux, nos guerriers et nos femmes, et nous sommes partis sans avoir une étoile pour guide et pour tentatrice. Nous n'avons pas erré sur les routes à la découverte d'un Dieu-enfant, des lunes n'ont pas éclairé d'un baiser, au bord des précipices, notre fervente lassitude. Nous sommes partis pour figurer dans une féerie. Des gens sont venus nous prendre, des gens à pantalons étroits qui nous avaient cloué sur la poitrine des croix avec des rubans et des rosettes rouges, et qui nous avaient nommés officiers de l'Instruction publique pour ne pas savoir lire. Ils nous ont prié de revêtir des vêtements que nous ne mettons jamais; ils nous ont enfermé dans les wagons de première classe — et nous avons fait ce qu'ils ont voulu. Nous cavalcadons devant un jeune homme du Nord, nous, vieillards d'Afrique, nous qui avons des chameaux et des yatagans, nous qui sommes puissants et fiers et qui sommes cousins du Prophète. Et toi, là-haut, sur ta colonne, tu nous connais. Tu nous a vu jadis en Égypte, qui te combattions et qui cherchions à comprendre ton âme. Tu as été sultan aux pieds des Pyramides et nous t'avons frôlé; nous avons glissé autour de toi, comme des hyènes inquiètes, nous t'avons flairé et nous t'avons craint parce que « ce n'était pas écrit », parce que tu n'étais pas prévu. Voici que tu nous vois en ce Paris où tu amenas Roustan et des mamelucks, tu nous vois jouant avec de vains fusils et des sabres illusoires, pour être valets et pour être bouffons. Nous ne prononcerons pas de longs discours, nous te dirons ceci seulement : Vois, nous sommes ici, nous fantasions pour la joie d'un peuple d'incroyants, d'un peuple esclave sans richesse et sans naissance. Ah ! nous sommes veules et nous sommes malheureux. Il y a autour de nous des cavaliers français qui ne montent pas bien. Ils ont l'air malheureux, eux aussi. Il y a des chefs, il y a un chef. Ils n'ont pas l'air triomphants. Et, derrière, sous un dais mouvant de ciel, il y a l'homme qu'on fête, le jeune homme pâle et las qui vient du Nord. Il a l'air très malheureux. Qu'est-ce donc, sultan d'Egypte? Des fêtes, des chefs, un empereur, des chevaux et des fleurs aux arbres, et tout ça, c'est de l'ennui et de la misère? Ah! sultan! là-bas, dans nos déserts, nous n'étions pas heureux non plus, lorsqu'on nous a embarqués pour cette ville froide; nous nous sommes laissé faire un peu pour voir ce qu'est ce peuple qui nous a battus, qui nous tient asservis et qui, insolemment, nous dote et nous décore — et pour voir si nous ne pourrions pas un jour vaincre ceux qui nous avaient vaincus. Et, aussi vieux que les rois mages, nous sommes venus, sans avoir d'étoiles pour nous guider, chercher sur les routes de fer un enfant qui serait roi et qui serait Dieu. Nous allons retourner en nos déserts. Nous allons quitter cette ville où des femmes nous auront aimées pour nos manteaux rouges, et où des marchands nous offrent à boire pour nos chameaux. Trou-verons-nous l'enfant que nous cherchons? C'est

à toi que nous le demandons, sultan de bronze :
nous sommes malheureux. »

Ils passent.

Et l'empereur passe.

Les acclamations de la foule qui jaillissent
autour de lui, qui l'atteignent en pleine âme
et qui rebondissent, ces acclamations passent
par-dessus son âme, par-dessus sa tête, s'élèvent,
hésitent un peu dans l'air et montent ici. Tou-
riste des terres d'enthousiasme, inspecteur des
curiosités internationales, messager de mystère, le jeune prince continue sa lente promenade.

Et voici que toutes les acclamations sont ici,
en haut de cette colonne, qu'elles me viennent,
à moi, qu'elles m'étreignent, qu'elles m'étouffent. Je crie vers la statue.

« Mais je ne suis pas prédestiné. Je ne veux
pas être prédestiné. Je veux prendre ce peuple,
cette ville, ce monde comme ça, par hasard,
parce que je veux bien, nonchalamment. Je
veux m'être fait empereur, comme je me ferais
voleur, et je n'ai que faire du destin et de toutes
les fantasmagories divines et démoniaques.
Pourquoi ces acclamations et qu'en ferai-je?
Non, non, tout est pour toi, Napoléon. En ce
décor, parmi le trouble de ce peuple, avec cette
odeur de sueur infinie et de peine infinie, de
néant lourd et d'horreur, j'ai honte, Napoléon.
Je me sens petit et je voudrais partir, me mêler

à cette foule, me perdre parmi cette foule.
Comme les autres, comme tout le monde, je
suis malheureux. Je me suis dit un beau jour
que je serais empereur, et je t'ai pris pour
maître comme je t'aurais pris pour valet, sans
te demander la permission. Je ne suis pas
soldat, je ne suis pas Corse, je ne suis
rien. Dis-moi un mot, un mot... Es-tu avec
moi? »

Mais je ne puis prier, je ne puis m'humilier.
Le cortège est tout proche. Ce sont tous les tu-
multes et tous les hosannahs. C'est le chaos de
tous les triomphes, de toutes les pompes: c'est
la magnificence de tous les âges et de tous les
irréels qui prend son essor, qui hurle et qui
chante; c'est la cacophonie superbe de toutes
les fanfares, ce sont toutes les espérances, tous
les souvenirs, tous les mondes qui se heurtent,
qui se mêlent, qui s'embrassent et qui se
fondent; ce sont tous les accouplements, toutes
les civilisations et toutes les barbaries, c'est
le Baiser, le Baiser sans style, le Baiser sonore
et le Baiser fécond.

Et c'est le souverain écroulé, noyé dans cette
cohue, dans les cris et dans les balbutiements.
Et tout nous vient à Napoléon, tout me vient à

moi, trompettes et canons, cloches et chants de femmes.

La fièvre universelle, c'est à moi.

L'Univers, c'est à moi.

Et toi aussi, n'est-ce pas, tu es avec moi, tu es à moi, Napoléon. Là-bas, c'est Notre-Dame où s'aventurera demain un empereur — mais qui m'attend. Là-bas, c'est une autre église, ce sont partout des églises, et c'est vers moi un concert d'églises.

Là-bas, c'est une caserne, et là c'est une autre caserne, et partout c'est une kermesse; tout ça m'attend et tout se réjouit parce que je me suis repris à ma chimère, parce que je me suis rattaché à mon rêve et parce que je suis joyeux, là-haut, avec cette statue de bonne volonté.

Je suis descendu de ma colonne, j'ai été la foule, moi aussi. Elle m'a pris, m'a roulé, m'a enserré, m'a jeté en avant. Et me voilà devant les Invalides, à attendre qu'on me permette d'entrer et de voir. Je ne suis pas seul. Des fiacres s'arrêtent au bord du trottoir. Il en descend des dames, des filles et, couvrant la retraite, ceinturés d'or, colletés d'or, de l'or aux épaules et aux parements, de l'étroite portière jaillissent des généraux en tenue de ville, coiffés de képis brodés d'or. Ils jettent un regard d'acier sur la pauvre foule qui pose et, d'un pas délibéré, d'un pas de Conseil supérieur de guerre, ils vont à la grille.

Mais quoi ? le poste ne sort pas pour présenter

les armes; on ne sonne pas aux champs et le planton ne s'étonne pas.

« A dix heures! »

— A dix heures? Il faut revenir? il faut prendre son rang parmi ces gens, à l'ancienneté, sans tour de faveur? Les généraux pirouettent un à un et s'en retournent, cherchent une place, se casent où ils peuvent, derrière un monsieur à chapeau melon et une dame à lunettes.

Ils sont lourds. Leur uniforme fait des plis, leur nuque aussi : ils ont perdu leur regard d'acier.

Ce sont des yeux bleus vides, éraillés, des yeux hésitants, des yeux d'enfants. Il en vient, il en vient, avec, dans leurs ceintures d'or, des raies bleues et des raies rouges, avec de pauvres cordons d'ordres qui se boursouflent et qui pendent, avec de vieux rubans et de vieilles croix, de vieilles moustaches pauvres et de vieilles épaulettes ulcérées d'étoiles.

Ah! vieilles gens, vous êtes dans la foule, vous êtes la foule vous aussi. Vous valez chacun, vous représentez chacun quatre mille, cinq mille, dix mille hommes et vous êtes ici plus de cent. D'où sortez-vous? Vous êtes du cadre de réserve, vous êtes retraités, vous êtes en disponibilité; toi, tu es de l'état-major particulier d'un ministre défunt ; toi, tu es président d'un comité technique et toi, nouvellement promu, tu attends une brigade n'importe où. Ah ! mes amis, que vous êtes peu de choses !

Que vous êtes gentils ! Vous ne protestez pas : vous attendez comme des tambours, comme des civils.

Et je vous passe en revue, sans bouger, d'un clair regard. Vous ne représentez pas votre million de soldats nés ou à naître, vous ne représentez rien du tout : vous paraissez un de ces régiments qu'on achète pour un sou sur une belle feuille de papier un peu mince. Vous êtes plus pâles, vous êtes moins nets et votre uniforme est moins frais parce que les uniformes d'officiers généraux coûtent cher rue du Quatre-Septembre.

Généraux, quand on vous voit compacts, quand on vous voit dépouillés de la magie locale de vos circonscriptions, quand on vous voit flanqués, en guise d'état-major, du troupeau de vos filles pas mariées et de vos épouses impatientes, on est obligé de vous voir avec les yeux d'un représentant du peuple aux armées de l'an II, d'un représentant du peuple qui a quitté sa section et son club pour vaincre — et pour destituer.

On a tort. Vous êtes tacticiens, vous êtes l'orgueil des armes spéciales, vous avez derrière vous des drapeaux décorés, des drapeaux pris, des escadrons anéantis, vous avez inventé des fusils, présidé des Conseils de guerre, vous avez des tours de force amoureux et des duels, vous êtes aimés de vos sous-officiers, que sais-je ?

Et où trouver des généraux jeunes, sinon dans la révolte et l'insubordination ?

Mais on entre : le temps de montrer une carte à la grille et de bousculer un peu, on avance. Voici les généraux qui, lentement, prennent possession de la Cour des Invalides, qui vont d'un pas de paix, l'épée s'embarrassant dans les jupons et claquant sur la bande noire du pantalon. Ils suivent, ils montent, ils s'installent.

Mais un aide de camp passe, vite, les saisit au vol, les emmène se mettre sur un rang dans une cour à côté des invalides et des petits tambours.

Et l'église se recueille. Les gens arrivent.

Deux colonels, deux attachés du protocole,

deux colonels, un monsieur blanc et noir, une dame, un jeune homme blond et vert sombre.

Voilà.

Je laisse aller le monsieur blanc et noir et la dame. Je happe des yeux le jeune homme vert.

Voilà l'Empereur.

Il a une belle figure et il n'est pas beau. Il est petit, il tortille entre ses doigts son béret d'astrakan ; ses cheveux sont séparés par une raie sans insolence ; il est gêné d'une gêne d'accusé entrant, sans savoir pourquoi, en Cour d'Assises, il est gauche, il marche mal : il ne sort pas d'un vitrail, ce n'est pas une icone vaguant par sortilège ; il nous semble un ami d'enfance, aussi peuple que nous. Et il n'est pas assez hiératique, assez étranger, il ne chancelle pas assez non plus, sous le poids de toutes les névroses et de toutes les faiblesses ; il est trop humain — et pas assez.

Je plonge en ses yeux. Des foules, des foules, toutes les foules s'y jouent ; des foules opaques de Japonais, des foules de Suédois et la foule d'ici. Tu es à elle, souverain, tu es à elle.

Ah ! j'ai autre chose en mes yeux. Tu passes, tu passes. Tu es dans la cour, tu es devant la masse des généraux qui te saluent, qui me saluent. Tu passes indifférent, avec la même attention glacée parmi les marmitons des cuisines et parmi le mystère du tombeau de Napoléon.

Ça pourrait être un chapitre, un poème. Non, c'est un instant d'itinéraire.

Au revoir, généraux! au revoir, foule!

Au revoir, empereur! Je vais méditer un peu, loin de vous, à la campagne. C'est une retraite — au bord de l'aventure.

Il n'est rien d'intime, de frissonnant, de câlin, de fécond comme l'automne. Arbres rouillés le long des routes, cailloux qui roulent et fleurs mortes, des ronces raidies et du soleil, ici et là, qui s'alanguit, c'est le décor indulgent aux préméditations, aux décisions. C'est un village, un tout petit village calme, qui s'endort.

Je frappe à une porte que je sais — et je trouve un ami.

« Mon ami, vous n'avez pas d'ambition. Les hommes ont été méchants, vous vous êtes désintéressé des hommes. Vous êtes noble, vous auriez pu siéger en une chambre héréditaire, vous aviez des jeunes filles blondes qui vous attendaient, pour danser, sur des tabourets autour d'une vieille reine, vous aviez des bêtes qui vous attendaient pour être tuées en des forêts bordées de lacs et de châteaux : vous ne regrettez rien de tout cela. Vous regrettez un poète, vous errez parmi des sourires méchants et vous dédaignez. Ne me plaignez-vous pas un peu, moi qui ai soif du pouvoir?

— Néron fut empereur et Hadrien aussi.

Mais ne trouvez-vous pas que le jour aujourd'hui est doux comme un soir?

— Mon ami, j'ai mal au cœur. J'ai le cœur crispé comme par un crapaud. Voici que je sors du rêve, voici que j'entre dans la période horrible de l'action. Il me faut dire adieu aux fantômes, il faut que je combine, que je machine des complots, que j'achète des hommes et que je songe à gagner des batailles — après. Ah! récitez moi du Shelley! Je ne veux pas songer à Macbeth!

— Vous n'êtes pas Macbeth.

— Je ne suis pas Banquo.

— Asseyons-nous un peu. Voilà une petite église, voilà un beau ciel et voilà un vieil homme. N'avez-vous jamais désiré vivre tranquille et méditatif en un paysage roux comme ici? Vous pourriez commander.

— Ça a été jadis un mot de César.

— Faisons causer un peu ce vieil homme qui vient avec une vache. Eh! bonhomme!

— Messieurs?

— Qui avez-vous pour maire?

— C'est un jeune homme qui nous vint un jour du Midi. Il était malade. Il avait voyagé en Suisse, en Italie, en Tunisie, avait pris plaisir à demeurer dans des caveaux avec des morts, à se regarder dans des lacs et à s'apeurer un peu partout devant le Péché et devant la Vertu. Ils nous parla; nous le sentions qui nous enviait et qui, tout de suite, nous avait en haine et en pitié. Il n'aimait plus rien, ne désirait plus rien et s'effrayait de son ironie grêle, grêle. Il cherchait du nouveau : pour se rattacher à la vie, il nous demanda de l'élire maire. Nous vîmes que ça l'amuserait, que ça lui donnerait un prétexte de plus à sourire de lui, de son sourire débile et fin comme un cheveu d'aïeul; il était en outre riche, instruit, doux et bon : nous l'élûmes.

— Mais alors, c'est facile, vieillard, d'être le premier dans un petit village?

— Jeune homme, j'ai soixante-douze ans. Je suis ancien élève de l'École polytechnique, ancien représentant du peuple à l'Assemblée nationale de 1848 : j'ai fait des découvertes, j'ai eu des triomphes à la tribune et dans la rue, j'ai été proscrit, rappelé, député, ministre, j'ai ouvert une Exposition, j'ai décoré des centaines et des milliers d'individus; j'aurai, à ma mort, une statue dans un square de Paris et un boulevard à moi. Comme depuis vingt ans je préside le conseil général en ce département-ci, comme j'ai fait au pays tout le bien que je pouvais et que j'y habite, après mes parents et mes grands-parents, j'ai voulu, un peu pour me délasser, un peu pour m'occuper, être nommé maire. Ç'a été un déchaînement de toutes les calomnies, de tous les soupçons, de toutes les mauvaises volontés; on m'a insulté, accusé, nié et j'ai échoué à toutes les élections municipales. C'est par amour du paradoxe qu'on a nommé votre poète : moi, j'avais des raisons, des titres; j'étais un candidat sérieux. Va le faire voir! Oui, il y a le mot de César, mais il est impossible d'être le premier dans un village, et c'est un jeu de n'être pas le second à Rome.

— En étant le dernier?

— Non, jeune homme, en étant le premier, en dominant, en tyrannisant. Mais j'ai à faire là-bas. Bonsoir!

Il s'éloigne.

— Nous aussi, nous avons à faire. Vous, mon ami, vous avez à vous enfoncer plus profondément dans l'amertume humaine, à connaître de plus près la haine des choses et des dieux, à souffrir pour vos frères et pour vous, à vous ensanglanter les mains et l'âme aux ronces austères du chemin. Vous avez à pleurer partout sur le leurre et le néant de la volupté. Et moi, j'ai à connaître sous moi le néant des hommes. Vous voyez, mon ami, que, à moins d'être esclave ou vigneron, je ne puis rester ici. Et je veux — c'est la suprême et la pire ambition — cultiver mon jardin, le jardin de Candide et de M. de Voltaire. Mais mon jardin, c'est le jardin de l'Univers, le jardin de l'Immensité. Adieu, mon ami.

— Au revoir, mon ami. Le temps viendra peut-être où vous émonderez votre jardin, où vous le clôturerez jalousement, peureusement. Et ce sera un jardin discret, un petit jardin triste. Nous le cultiverons ensemble. Au revoir : je pars ce soir pour l'Italie, non en conquérant mais en mélancolique pèlerin.

— Et moi, je retourne à Paris. Je sais où je vais — à l'Aventure.

La voilà.

Et voilà Paris. Des lumières électriques, de
la foule. Et la gare vomit des gens qui reviennent d'une revue : ce sont des généraux et des
généraux encore, des colonels, des généraux
toujours, froissés, furieux qu'on a parqués
avant l'embarquement, qu'on a fait contenir
par des gendarmes et des baïonnettes, qui s'in-
dignent d'avoir vu que les jours d'enthousiasme ressemblent aux jours d'émeute, que
pour honorer les rois, on traite les chefs militaires comme les traiteraient des insurgés,
qu'on les menace comme des députés — et qui,
confusément, songent à des revanches sur des
ennemis extérieurs, sur n'importe quoi, sur les
gendarmes et les lois.

L'AVENTURE

Je trouve sur le pavé de Paris de vieux messieurs très propres qui n'ont pas l'air heureux.

En voici un.

— Vous êtes général, mon ami?

— Oui, monsieur.

— De l'*ancien corps?*

— Oui, monsieur, de l'ancien corps d'état major.

— Cavalerie maintenant, hein?

— Oui, monsieur, cavalerie.

— Belle brigade?

— Dragons et chasseurs.

— Parfait, alors!

— Non, monsieur, ça n'est pas parfait. Lorsque le colonel Donop était directeur de la cavalerie au ministère de la guerre.....

— Est-ce que vous vous amusez beaucoup?

— Euh ! s'amuser beaucoup ?... Je songe que je quitterai le service avec la plaque de grand officier.

— Vous êtes commandeur ?

— Du 17 juillet 1895.

— Alors vous serez divisionnaire ?

— C'est très probable. Si le ministre actuel restait ministre, ça serait fait d'ici huit mois. Il me connaît, mais... En tous cas, ça se fera. Et vous verrez que je prendrai ma retraite sous les plumes noires.

— Pourquoi n'auriez-vous pas les plumes blanches ? La limite d'âge ? « l'inexorable limite d'âge » ?

— Non, monsieur. J'ai cinquante-six ans. Je serai divisionnaire à cinquante-neuf ; j'ai le temps de remplir deux commandements de corps d'armée et d'obtenir à ce titre la médaille militaire comme M. le général Février et, après lui, MM. les généraux de Galliffet et Davoust, duc d'Auerstaedt. Je puis même commander devant quelque chose d'ennemi et être maintenu sans limite d'âge dans la première section de l'état-major général. Mais vous verrez...

— Je verrai quoi ? Vous êtes imposant à la tête de vos cavaliers. Avez-vous des décorations étrangères ?

— Oui, monsieur, les palmes d'officier de l'Instruction publique.

— Et ensuite, le Nicham? le grand cordon?

— Oui, monsieur.

— Vous avez fait la campagne de Tunisie?

— Au contraire.

— Sainte-Anne?

— Commandeur. J'étais très jeune. J'avais fait la noce avait un petit jeune homme bien soûl, bien blond. Il paraît que c'était un grand duc...

— Le Christ du Portugal? Isabelle la Catholique? Saint-Grégoire? Le Lion de Perse? Le Mérite?

— Pour qui monsieur me prend-il?

— Quelque chose encore?

— Les Saints Maurice et Lazare. Grand-croix. J'ai été lieutenant-colonel, attaché militaire à Rome. Commandeur avec plaque de l'ordre de Takowo : je dois vingt-cinq louis au roi Milan. Et l'étoile noire du roi Toffa. Des Annams et des Cambodges...

— Des campagnes?

— Douze. Quatre blessures. Une citation à l'ordre de l'armée. Comme lieutenant. Au Mexique. Cinq citations à l'ordre du jour.

— La médaille coloniale?

— Non, monsieur. J'arrivais dans le Sud Oranais à la pacification.

— Superbe alors! C'est beau. Venez avec moi!

— Est-ce loin ?

— J'ai une voiture.

— Je « marche », alors.

Le sapin file bien et le général, en entendant le bruit sourd et rentré des roues peut songer à toutes les prolonges d'artilleries d'ici et d'ailleurs.

— Vous êtes content de votre sort, mon brave?

— Oh! monsieur, vous savez, un général à Paris en ce temps, même si sa brigade ou sa division est à côté, c'est comme qui dirait un *prêtre habitué*, un de ces prêtres qui n'ont ni cure, ni bénéfice, ni paroisse, mais qui vont là, qui vont là-bas et qui finissent par trouver un petit coin d'ombre, quelque part, où ils entendent la messe humblement, en connaisseurs. Ces prêtres vont de temps en temps chez un chanoine, chez de vieilles dames, mais on les voit peu à l'archevêché. Nous, monsieur, c'est la même chose. On nous voit au cercle mili-

taire, on nous voit chez les députés; on
ne nous rencontre guère à la Place, chez le
gouverneur de Paris et au ministère de la
guerre.

— Et les vieilles dames, général? Pardon!
les dames?

— Ah! les dames! monsieur, on ne s'appelle
pas Changarnier tous les jours.

— Alors quoi?

— Alors on se promène, monsieur. On rêve
à des permutations, à des changements de garnison et si les rêves se réalisent, c'est le même
prix. On a une brigade à la caserne de Babylone,
au Château-d'Eau, à l'École militaire? C'est le
diable pour y aller et, tout comme les notaires,
nous ne pouvons prendre l'omnibus; c'est seulement pendant la Commune que c'est permis.
Et voir sa brigade! pourquoi? Pour une revue
de détail — à notre âge? Pour un simulacre
d'inspection? Et les parades d'exécution se font
si rares! Il faut loger à l'Arc, naturellement,
ou avenue Matignon, avoir un buggy, et,
d'effets de bottes à effets de plastron, faire des
dettes. Et ce sont toujours des députés à *rencontrer*, des conseillers municipaux à visiter et
des bagues juives à baiser.

Le fiacre roule et gronde : c'est la place Vendôme.

— La place Vendôme, général. C'est ici que le 30 juin 1816 fut dégradé le maréchal de camp Bonnaire qui, à Condé, un peu par fanatisme napoléonien, un peu par mollesse, avait laisser tuer le colonel Gordon, parlementaire, par le lieutenant Miéton, aide-de-camp. Nous irons tout à l'heure au Luxembourg où on fusilla le maréchal prince de Moskowa et nous allons côtoyer la Terrasse du Bord de l'Eau où des généraux qui s'appelaient le vicomte Donnadieu et le baron Canuel s'entretenaient à voix basse du comte d'Artois, de M. Decazes et de conspirations diverses. Général, général, ça ne réussit pas aux généraux, les conspirations. Et voilà cependant Saint-Roch, tout près, où le général Bonaparte sema des boulets, et voilà le fantôme des Tuileries. C'est la rue Saint-Florentin, à droite, où M. le prince de Bénévent dormit et nous trouverions, pas très loin, la défunte rue Saint-Nicaise. Mais, général, les généraux n'ont pas de chance. Avez-vous des désirs, des ambitions ?

— Oui, monsieur, découvrir le *Pastissier françois*, elzévier.

— Très bien. Mais vous ne le trouverez pas, mon ami : les généraux, ça n'a pas de chance. Voilà la maison de M. le général Joboy, qui disparut en des affaires financières avec application de la loi Bérenger, voilà un rez-de-chaussée qui connut M. le général comte d'Andlau, sénateur, et j'ai rencontré devant ce bec de gaz M. le général Caffarel, ancien commandeur de la Légion d'honneur. Ah! général, aujourd'hui les généraux n'ont pas de chance! Vous désirez le *Pastissier françois;* je ne puis vous l'offrir : je ne l'ai pas et je ne sais pas où le voler. Et pourtant je voudrais vous demander de conspirer avec moi, d'agir pour moi, sous moi. Et que vous promettre? Les généraux n'ont pas de chance!

— Que Monsieur me permette une question, Qui est Monsieur?

— Rien. Mais qu'est-ce que cela peut vous faire? Je suis celui qui vous nommera maréchal de France.

— Ah! Monsieur, c'est une plaisanterie qui date. Si, en 1851, MM. de Saint-Arnaud, Magnan, Espinasse et Canrobert en sourirent et l'acceptèrent, ce fut par affection pour le prince Louis-Napoléon. On sortait à peine d'une, de deux, de trois révolutions où le sang n'avait pas été cher, où les barricades avaient poussé sous les charges de cavalerie et où, d'investissements en assauts, de sommations au tambour en escrimes à la baïonnette, de « halte-là ! » en feux de peloton, on avait eu tous les jeux guerriers, le jeu complet, le grand jeu, quoi! Et les féeries de la conquête de l'Algérie étaient si proches! Il fallait, Monsieur, des raisons pour monter à cheval. Et les raisons qu'on avait, c'étaient les raisons, les plus folles, d'aimer sur sa poitrine les chocs de croix, d'aiguillettes, de colliers, les flirts des écharpes et des rubans et toutes les sensualités raidies à l'idée que de petites mains blanches (qu'on savait) se caresseraient, se meurtriraient aux étoiles glacées des lourdes épaulettes...

— Prenez garde, mon ami! voilà de la mauvaise littérature ! Voilà du lyrisme de Saumur, de l'érotisme de Fontainebleau, de l'épithète de Saint-Maixent.

— Pardon, Monsieur. C'est que je me reporte à l'hiver de 1851. Hélas ! ces temps ne sont plus : on ne peut plus monter à cheval aujourd'hui. Ah! Monsieur! pour monter à cheval aujourd'hui, je donnerais tout. Il y a le Bois? Mais combien il faut de bonne volonté pour imaginer derrière son galop le galop d'une brigade, les hommes dressés sur la selle, les bras raidis, les sabres superbes et tout « le sacré fourbi » de M. le général Zurlinden ! Et ça ne dure pas ! Des femmes à droite, des femmes à gauche, des landaus, des triplettes et les jurons des palefreniers en vestons clairs ! Ah ! monter à cheval et se précipiter, Monsieur ! Mais comment ? Demander un commandement aux colonies ? Avant d'arriver aux Hovas, c'est le mal de mer, c'est la dysenterie, ce sont des réflexions et des demi-remords et des hésitations. On remâche, on remarmonne, on rumine cent pages de *Servitude et Grandeur militaires* du capitaine comte de Vigny. Qu'on ait la guerre à la frontière, il s'agit d'atteindre la frontière. Et c'est, avant, la torpeur des wagons-lits, la torpeur inquiète des étapes, les préoccupations d'intendance, la crainte de rencontrer de mauvaises nouvelles, le souvenir des retraites notoires, toutes les anxiétés. Non, Monsieur, ce qu'il faut, c'est se réveiller parmi des cris et des coups de fusil, sauter à cheval, ta ta ta, comme en un cauchemar et se trouver ta ra ta, dès le réveil strict, au cœur de la bataille, tout de suite, ra ta ta, les tempes en feu. Ce qu'il faut encore, ta... ta... ta..., c'est se lever silencieux et mener sa brigade silencieuse, ta... ta..., vers un morne palais. Ah! mes désirs, mes rêves! Voilà, Monsieur, tenez. Ce serait de redevenir colonel et de charger dix bonnes minutes. en un élan parfait avec une troupe parfaite — et de mourir, ta ra... Une balle au front, à gauche, n'arrêtant pas l'élan ! Et glisser de la selle, tout droit, tandis que les étriers s'accrochent aux semelles des bottes, aux éperons, et que le cheval va toujours, ta, ra ta ta, ta ta ! »

— Vous êtes joyeux, mon garçon.

(Nous sommes place de l'Hôtel-de-Ville).

— Place de l'Hôtel-de-Ville, général. Est-ce un bon terrain pour charger?

— Monsieur veut rire. Du sable, des refuges, des becs de gaz. Pas moyen de charger dix bonnes minutes!

— Et où il y a t-il moyen de charger dix bonnes minutes.

— A Longchamps, Monsieur — et encore !

— Vieillard stupide! Je veux un mouvement, une aventure, *l'Aventure*. Je veux une charge de ta cavalerie et de la cavalerie des autres et de l'infanterie aussi contre une autre cavalerie et une autre infanterie, contre du canon peut-être, contre le peuple — qui sait? — contre le peuple sûrement. Vois-tu d'ici, vieillard, comment je pourrai amener toute cette canaille à Longchamps à cette fin et à cette seule fin que tu lui tombes sur le poil et que tu te rinces l'œil de la grâce de tes sabres, de tes chevaux et de tes casques? Alors c'est pour ton plaisir, Subalterne, que j'aurai passé ma vie à m'embêter et que je veux ne plus m'embêter. Il te faut un terrain, il te faut peut-être un décor! Ah! mon pauvre vieux! Tu veux charger? tu as pour charger la place de l'Hôtel-de-Ville, la place de la Concorde, un morceau de la place de la République, les grands boulevards, les boulevards extérieurs, le boulevard Saint-Germain, l'Esplanade, le Champ-de-Mars, la rue de Rivoli, toutes les avenues autour de l'Arc de Triomphe, les Champs-Élysées et la rue La Fayette. Eh! eh! il n'y a pas de quoi s'embêter. Mais c'est du luxe, général. Ce n'est pas là qu'il faut aller. Ce que tu auras, c'est des bombardements de vagues de Sallandrouzes, c'est la tiquetonnerie des *Châtiments*, des fusillades rue Duperré et rue du Bourg-Tibourg, des égorgements rue Marie-Stuart et rue des Vinaigriers, deux boulets rue Sainte-Anne et un assaut rue Albouy. J'ai les dimensions : j'ai

chronométré et supputé. Et c'est tout ce qu'il
te faut? Marches-tu?

— Mais qui est Monsieur? qui est Monsieur?

— Tais-toi! Tu m'agaces. Veux-tu faire le
coup pour ton propre compte?

— Monsieur est cruel. Ce n'est pas que je
refuse, mais vraiment j'aime mieux les charges
de cavalerie. C'est plus propre.

— Nous n'avons pas le choix. Tu tiens aux
charges? Travaille pour toi!

— Ah!

— Est-ce que Bonaparte ne travailla pas
pour lui?

— Grâce, Monsieur. Soyez sérieux, Monsieur. Est-ce que Bonaparte était un général?
Est-ce que Bonaparte était un militaire? Que
Monsieur se représente! Que Monsieur se remé-
more les états de service de Bonaparte! Un an
ici, deux ans là et des destitutions et un pas-
sage dans la milice, des lectures, des songes!
Bonaparte un militaire? Un bourgeois, un héros, un civil en uniforme! J'ai trente-huit ans
de service, moi, Monsieur — et ça pèse. Rap-
pelez-vous M. le général Boulanger : trente-
deux ans de service lorsque sa vocation d'aventurier se révéla. Et dame! son temps de service
fit du tort à sa vocation ; ça ne compte guère

que pour la retraite. Les officiers ambitieux ne manquent pas, mais ils ont leur ancienneté dans le ventre — et ça les gêne. Voyez M. de Galliffet : son ambition devint du dédain, de la désinvolture, du désintéressement ; voyez M. le général de Négrier, ça devint la grand-croix de la Légion, ça devint des déceptions vis-à-vis du Conseil supérieur de guerre, voyez le général Pierron, ça devient de la sage stratégie, de la réserve, de la prudence, de la patience. Et quant aux colonels et aux chefs d'escadrons, ils sont — tous — au tableau d'avancement. Et nous ne demandons pas mieux que d'aller. Mais ou bien les soldats feront marcher les caporaux et ainsi de suite (et ça n'est pas gai, ça, Monsieur), ou bien il nous faut un chef de file. C'est vous. Mais, au nom de l'état de siège, Monsieur, qui êtes-vous ?

— Vieillard, tu ne m'intéresses pas. Je t'ai dit qui j'étais. RIEN. Je suis N'importe-Qui, tout le monde et personne. Je m'embête. Je trouve que j'ai fait de trop vieux os dans le présent état de choses et que j'en ai assez. Je trouve que j'ai le droit de m'embêter et de ne plus vouloir m'embêter. Et, à y réfléchir, je crois que j'ai une âme d'aventurier et qu'il me faut une aventure. Mes titres à avoir le pouvoir, c'est de n'avoir pas de titres. Je suis le nouveau. Tu peux, si tu as de la rhétorique, m'appeler Catilina : ça ne m'épatera pas. Catilina était patricien, sénateur, que sais-je? Moi, nib, de nib! Je ne sais pas porter l'arme et décomposer le mouvement. Mais prête-moi la brigade et tu verras si je sais m'en servir. D'ailleurs tu es là. Ah! mon pauvre vieux! Je t'ai trouvé là, sur le pavé de Paris, qui t'embêtais. Je ne te cherchais pas et je te cherchais un peu. Je t'ai. Je ne sais pas ton nom et je n'ai pas besoin de le savoir. Quand je te quitterai tout à l'heure, je trouverai un autre vieux qui sera général et un autre encore et ils seront tous avec moi parce qu'ils s'embêtent. Vous ne marcheriez pas pour un autre général, à cause de son ancienneté, pour toutes sortes de raisons de boutiques, de saluts rentrés, fils d'archevêque, armes spéciales, arti fana, conscrits et tambour. Mais moi! Un pékin qui n'est même pas officier territorial! Ecoute, général, je ne te dirai pas que je suis la France et que je suis le peuple, que je me nomme Metz ou que je me nomme l'Avenir — en un mot. Je ne te ferai pas l'éloge de ce que le pays deviendra sous moi et ce que sera mon gouvernement parce que, n'est-ce pas? j'ai cinquante et une chances contre quarante-neuf pour que mon coup ne réussisse pas, pour que tu ne reçoives pas ta balle au front, tu sais, à gauche, pendant la charge (parce qu'il n'y aura pas de charge) et pour que ça soit pour toi et pour moi Satory, le poteau. Et cette voiture qui ne va pas! Ce qu'il me faut, c'est l'Aventure, c'est le coup! Et qu'importe, le trône ou Satory? Ça vaut le coup! Et toi, n'est-ce pas, vieillard, ça t'est égal! Qu'attends-tu de la vie? La plaque de grand-officier et douze mille francs de retraite. Tu as des fils qui veulent entrer à Saint-Cyr et le petit qui veut être sculpteur, tu as deux filles que tu marieras à des officiers d'ordonnance un peu chauves qu'on retraitera comme colonels.

Ah! vieillard, que c'est peu intéressant! Et je ne sais vraiment pas pourquoi je te fais l'article, tu étais décidé avant moi. Mais il fallait qu'on te le dise. Et j'ai trop parlé : tu n'avais pas besoin de tant de mots. Et c'est tout. Pardon, général, je descends. Un instant, je paie le sapin. Et maintenant merci, mon garçon. Rompez!

— Non, non! Eh! eh!

— Quoi!

— Satory! le poteau! c'est de gros mots. Et vous disposez trop galamment de mes filles et de mes fils. Je n'ai pas d'enfants.

— Alors vous tenez à la vie.

— Si vous y tenez.

— Et ces désirs d'une balle au front, à gauche?

— Comment vous dire ça, monsieur? C'est de la littérature.

— Eh bien! mon ami, mon couplet de bravoure tout à l'heure, Satory et le reste, c'est aussi de la littérature. Pourquoi avoir voulu jouer au plus fin avec moi? Je vais être tout à fait sincère, je ne suis pas sûr de la moindre tiquetonnerie. Et il se pourrait que, l'aventure, ce soit une promenade lente, à cheval, à travers Paris. Et encore... Et ce sont vos étoiles de divisionnaire, tout de même — et le reste.

— Et vous êtes sûr de votre affaire à vous? le trône? tout?

— Chut.

— Au revoir, monsieur.

— Au revoir.

Là-bas, là-bas, de la pourpre tombe sur l'Arc de Triomphe — par baquets.

LA MANIÈRE DE S'EN SERVIR

Assieds-toi. C'est le trône.

Comme on est bien ! Il ne fait ni trop chaud, ni trop froid. Pas de bruit. Et pas de silence effrayant : c'est comme une buée de musique qui monte, qui monte. Et tu es lucide.

Des phrases te viennent. C'est du Corneille :

Je suis maître de moi comme de l'univers.

et tu te sens l'âme si héroïque qu'elle doit ressembler à du Caran d'Ache. Un autre vers te revient, un autre vers de Corneille :

Et monté sur le faîte, il aspire à descendre.

Tu te balances d'un vers à l'autre, tu t'accroches au premier :

Je suis maître de moi comme de l'univers.

Tu es très seul, très gardé. De l'ouate partout, sous les ors. Des soldats invisibles errent çà et là. Toutes les pourpres, toutes les perles, tous les mauves s'efforcent autour de toi pour te réjouir.

Tu as dans les yeux la carte de ton empire. Le vers revient.

Je suis maître de moi comme de l'univers.

Mais quoi ? voici que tu fonds en larmes. Voici venir quelque chose parmi tes portes de fer et tes gardes, voici quelque chose de subtil qui t'embrasse, qui t'étreint, qui t'oppresse.

C'est le mal du siècle, c'est le mal du monde qui te visite, qui ne te lâche pas.

Je suis maître de moi...

Tu n'es pas maître de toi. Tu appartiens à la misère et au néant des autres. Tout pèse sur toi. Tu es homme et tu n'es qu'un homme: des fêtes te sollicitent! non! Tu as à souffrir.

Tu réfléchis. Tu es troublé. Tu sens plusieurs hommes en toi. Tu as en toi ton Fouché et ton Talleyrand, et l'on n'est jamais mieux trahi que par soi.

Sors.

Tu trouveras des gens dans la rue. Tu les regarderas sans le vouloir. Tu verras qu'ils ont do mauvaises figures et tu auras la tentation de les arrêter toi-même.

Et il y a plus : tu te refuses du génie. Voilà que tu as un empire à toi, que tu as charge d'âmes, de millions d'âmes et que tu n'oses pas trop t'interroger ; tu crains de découvrir que tu es un pauvre homme, pas trop intelligent, pas sublime.

Eh oui ! tu as eu toutes sortes de pensées, d'hésitations, tout un bouillonnement où pouvait tourbillonner le génie et l'infini, mais où l'infini et le génie pouvaient aussi s'anéantir. Tu sais qu'il y a pas loin un autre empereur qui vint, bouillonnant et jeune, s'asseoir sur un trône et qui, vieillissant, s'y tient accroupi, pour ne pas tomber. Tu crois que tu es un homme ordinaire. Ah ! tu ne peux pas être le bon tyran de M. Renan !

Eh bien ! c'est délicieux. Fuis-toi et cherches-toi sur des routes, parmi des combats, bâtis des lois, des palais et des forteresses, marche, doute, sois malheureux : voici que tu tiens le sublime.

Tu as le trône. Tu es vide. Tu n'as plus besoin de phrases ou de conseils : tu seras, tu es Napoléon. Écoute-toi : voilà les routes et voilà des soldats. Voilà des dangers. Voilà ton trône qui craque. Voilà que, pour ne pas être aussi effroyablement serein, pour fuir ton trouble et pour garder ton trouble saint, tu es contraint de lutter contre les hommes, les choses et les Dieux, que tu te sens devenir assez fou pour être la Sagesse et la Raison pure, la Victoire et la Divinité.

Tu n'as jamais été aussi malheureux.

C'est l'Apothéose.

Et vous, petite fille, ne souriez pas, si je viens à vous, pâle, essoufflé, courbé sous le faix des ambitions hérissées, des désirs, de toutes les fièvres, de tous les cauchemars : je porte les mondes, et je vous les apporte.

Je vous ai vue impératrice et princesse : vous avez été Iphigénie et Bérénice, vous serez demain l'Infante du Cid et les Eudoxies de Byzance. Et vous avez été aussi les filles du peuple qui pleurent et qui meurent; vous avez, de vos jeunes lèvres, chanté la chanson de Révolte, et, de votre cœur roux et ferme, vous avez dit les Sanglots, la Douleur et les Songes. Et vous êtes vous.

Voici un livre que je ne puis dédier à ma

mère ; les mères ne veulent pas que leurs fils parlent d'être empereurs ou de donner un Empire à celui-là ou à celui-ci.

Voici un livre que je ne veux pas dédier à un jeune homme : il s'adresse à tous les jeunes hommes. D'aucuns trouveront que ce n'est pas dans Balzac, d'autres railleront, d'autres encore voudront ne pas comprendre.

Les autres...

Et il s'agit d'agir.

Voilà un livre que j'aime. Il y a là des bavardages, de l'héroïsme et il est question parfois de Napoléon. Mais ce n'est pas à moi de me juger.

Donc voilà, mon amie, un livre que j'aime. Aimez-le. Ce n'est pas un livre d'amour et il n'est pas amusant. Prenez.

Voici les mondes et le monde, les espoirs, l'avenir, l'action, l'horreur et les rêves, voici des métaphores, de la tendresse, voici des drames et un drame, voici tout mon être, toute mon âme — et un peu plus.

Prenez : c'est à vous.

FIN

TABLE DES CHAPITRES

Paris. — L. Maretheux, Imprimeur, 1, rue Cassette.

ACHEVÉ D'IMPRIMER

LE DEUX DÉCEMBRE 1890

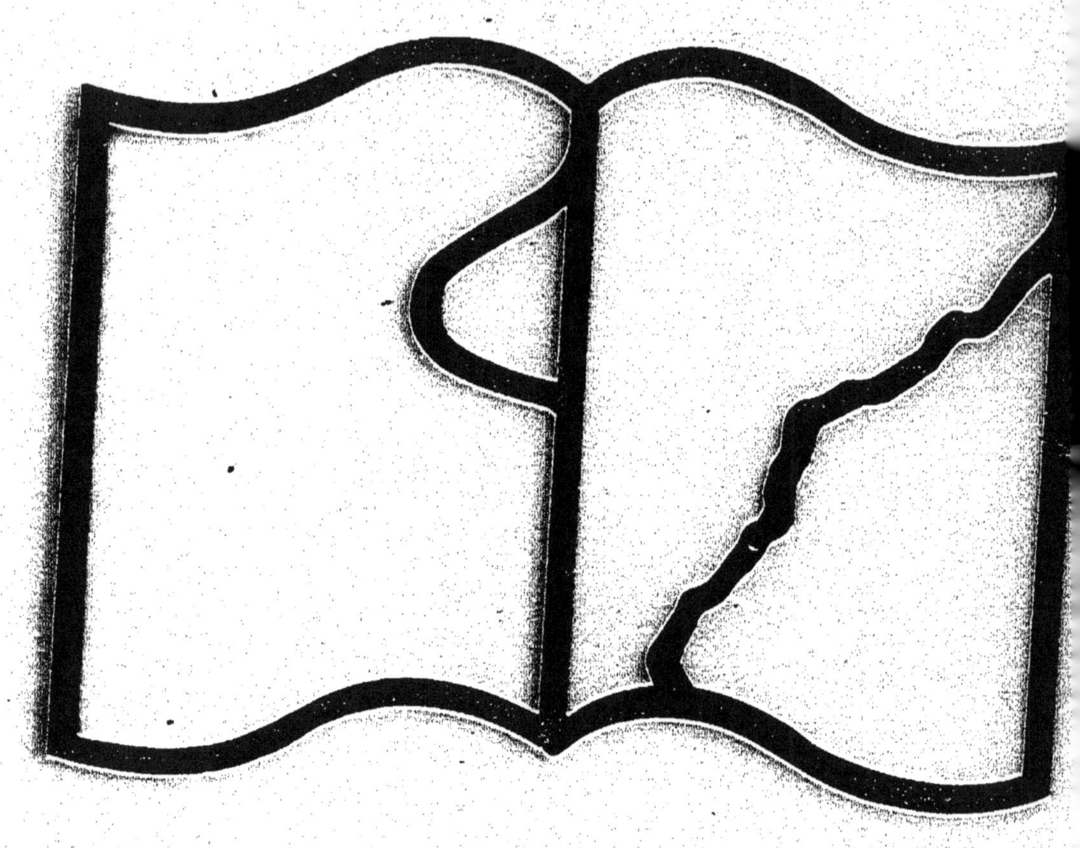

Texte détérioré — reliure défectueuse

NF Z 43-120-11